Iris Matt
Malte Stüttgen

Gleich und gleich gesellt sich gern?

Iris Matt
Malte Stüttgen

Gleich und gleich gesellt sich gern?

Homophilie und Freundschaft

Tectum Verlag

Iris Matt
Malte Stüttgen

Gleich und gleich gesellt sich gern?
Homophilie und Freundschaft

ISBN: 978-3-8288-3468-2

Umschlagabbildung: shutterstock.com © JohannesMende
Druck und Bindung: CPI buchbücher.de, Birkach
Printed in Germany

Besuchen Sie uns im Internet
www.tectum-verlag.de

Bibliografische Informationen der Deutschen Nationalbibliothek
Die Deutsche Nationalbibliothek verzeichnet diese Publikation in der Deutschen Nationalbibliografie; detaillierte bibliografische Angaben sind im Internet über http://dnb.ddb.de abrufbar.

Inhaltsverzeichnis

Abbildungsverzeichnis

Tabellenverzeichnis

Formelverzeichnis

1 Einleitung

Diese Forschungsarbeit behandelt die Bildung von Freundschaften. Es soll untersucht werden, inwieweit sich Freundschaften und Netzwerkstrukturen beeinflussen. Mit dem schlagwortartigen Titel der Arbeit „Gleich und gleich gesellt sich gern“ wird bereits angedeutet, wie die Hauptthese lautet: Ähnlichkeiten unter Akteuren bedingen die Freundschaftswahl. Damit bedingen sie auch die Struktur des Netzwerkes.
Zu diesem Zweck nimmt diese Studie einen netzwerktheoretischen Standpunkt ein. Dieser vermag die Ebene des Akteurs und die Netzwerkebene am besten zu verbinden, da in dieser theoretischen Richtung Beziehungen im Mittelpunkt stehen. Die Verbindungskraft liegt auf der Hand: Wodurch sollen Akteure mit der Gesellschaft verbunden sein, wenn nicht durch ihre Beziehungen mit anderen Individuen?
Allgemein werden in der Soziologie diese beiden Ebenen mit den Begriffen der Mikro- und Makroebene umschrieben (vgl. Greve/Schnabel/Schützeichel 2009: 7). Auch diese empirische Arbeit bewegt sich inhaltlich in dem „Zwischenraum“ von Akteur und Gesellschaft. Sie versucht die Wechselwirkungen von Mikro- und Makroebene zu analysieren und einen Bezug zwischen ihnen herzustellen. Das Untersuchungsthema ist dabei die Freundschaft.

1.1 Freundschaft

Freundschaft in ihrem engsten Sinn ist eine starke, emotionale Beziehung. Bei dem Gedanken an Freundschaft kommen einem zuerst die eigenen Freunde in den Sinn und das gemeinsam Erlebte:

> *„Freundschaft ist eine starke und intensive Beziehung. Emotional sind wir ganz da – mit oder bei den Freunden. Wir freuen uns, dass sie da sind und dass wir mit ihnen etwas unternehmen können. Wir wollen ihnen prinzipiell wohl. Nun fällt die Freundschaft nicht vom Himmel, sie entsteht aus Umgang miteinander, aus einem gemeinsamen Projekt oder Interesse.“ (Fritzsche 2009: 185)*

Der Begriff der Freundschaft existiert aber auch losgelöst von seiner emotionalen Bindung. Er ist damit nicht mehr klar einzugrenzen. Dies zeigt beispielsweise das Online Portal „Facebook.com“. Dort werden Geschäfts-, Arbeits-, Vereins-, und Partei-Kontakte mit dem Begriff „Freunde“ zusammengefasst. So kommt es zu Personen mit 500 und mehr Freundschaften. Dass diese Anzahl außerhalb der virtuellen Welt schwer zu handhaben ist, erscheint offensichtlich. Bevor es Facebook gab, schwankte die Anzahl der Freundschaften, laut Studien, zwischen 3 und 30 Freunden pro Person (vgl. Argyle/Henderson 1986: 88). Bei Facebook können Freunde in selbst betitelte Listen eingeteilt werden. Es bleibt den Nutzern überlassen in welche Kategorien sie beispielsweise ihre Arbeitskollegen einordnen.

Auch in anderen Zusammenhängen wird gerne von „Freundschaft" gesprochen, beispielsweise in der Werbung. So wirbt die Biermarke Holsten mit dem Trinkspruch „Auf die Freundschaft", Ferrero setzt auf die freundschaftliche Geste: „Guten Freunden gibt man doch ein Küsschen!?" und ein bekannter Handyhersteller warb mit E-Mails, die mit „Alles Gute, Ihre Freunde bei Nokia" unterschrieben waren.

In der Werbung ist der Freundschaftsbegriff folglich etwas Gutes, auf das getrunken werden soll, also ein Ritus, der sonst auf das Glück, Gesundheit oder ähnlich positiv besetzte Anlässe angewendet wird. Der Slogan von Ferrero spielt mit der Redewendung, dass Freundschaft mittels kleiner Geschenke erhalten werden sollte. Damit wird der Freundschaft gleichsam ein Wert verliehen. Der Gruß von Nokia wiederum suggeriert, dass der Kunde nicht mit Händlern sondern vielmehr mit Freunden in Kontakt steht.

Auch im übertragenen Sinne wird der Freundschaftsbegriff genutzt, um eine positive Beziehung zum Ausdruck zu bringen. So wird beispielsweise von Völkerfreundschaft, von einem Freundschaftsspiel oder von Gastfreundschaft gesprochen. Diese Beispiele legen den Schluss nahe, dass der Freundschaftsbegriff im Alltagsverständnis durchweg positiv besetzt ist.

Im Alltag wird Freundschaft oft definiert durch Abgrenzung zu anderen Beziehungsformen, wie zum Beispiel Liebesbeziehungen, verwandtschaftliche Beziehungen oder professionelle Beziehungen. Diese Abgrenzung wird dabei meist durch das Fehlen bestimmter Faktoren vollzogen: Fehlende Erotik, fehlende Verwandtschaft oder fehlender Zwang. Aus dieser Sichtweise wäre Freundschaft also eine Residualkategorie. Zu einem ähnlichen Ergebnis kommt Fischer in einer Studie aus dem Jahre 1977, in Kalifornien/USA. Er gelangt zu dem Schluss, dass „friend" ein Label für einen Status ist, der sonst nicht anders benannt werden kann (vgl. Fischer 1982).

In sozialwissenschaftlichen Arbeiten wird Freundschaft als grundlegende Form der sozialen Beziehung angesehen (vgl. Haag 2011: 97). Bisher sind sozialpsychologische Ansätze vorherrschend in der Freundschaftsforschung. Sie untersuchen Freundschaft als Zweierbeziehung oder in Kleingruppen auf der Ebene der Individuen. Dies geschieht überwiegend im Bereich der Psychologie oder der pädagogischen Peergroupforschung. Dabei liegen funktionelle und/oder sozialisationstheoretische Aspekte im Fokus der Betrachtung. Freundschaft kann nie ausschließlich einer individuellen Betrachtung unterliegen: „Eine psychologische Theorie der Freundschaft ist immer zugleich Individual und Sozialpsychologie“ (Ebrecht 2003: 259).

1.2 Die Bildung von Freundschaften – Forschungsbedarf

Als ein Bildungsaspekt von Freundschaften gilt, dass sich die Freundschaftspartner in ihren Interessen oder in ihren Verhaltensweisen ähneln. In der Soziologie wird diese Sichtweise in einem Konzept vereint, welches sowohl die theoretischen Grundlagen, als auch die entsprechenden empirische Methoden bereithält: das Homophiliekonzept. Es entspringt einer empirischen Beobachtung, die Young wie folgt zusammenfasst:

> *„In many aspects of social life, social relationships among similar individuals occur more frequently than relationships between dissimilar individuals“ (Young 2011: 251)*

Eine Lücke im soziologischen Homophiliekonzept, und somit Überprüfungsbedarf, besteht hinsichtlich des Untersuchungskontextes. Die meisten Untersuchungen sind im US-amerikanischen Kulturkreis, in verschiedenen Altersgruppen und zu unterschiedlichen Zeitpunkten entstanden. Eberhard kritisiert in Bezug auf Freundschaft, dass Ergebnisse schlecht auf andere Kulturkreise übertragbar sind, da kulturspezifische Differenzen im Freundschaftsverständnis vorhanden sind (vgl. Eberhard 2004: 1). Somit ist eine Gültigkeit der Ergebnisse im deutschen Raum nicht ohne weiteres gegeben. Das vorrangige Untersuchungsziel unserer Studie ist damit eine deduktive Überprüfung der Homophiliethese. Gemäß dieser lautet das Untersuchungsziel:

> **Leitende Forschungsfrage (1):** „Gleich und gleich gesellt sich gern“? Besteht ein Zusammenhang zwischen persönlichen Eigenschaften und Freundschaft?

Das Modell der Homophilie geht jedoch über die Betrachtung einzelner Freundschaften hinaus. Es ist in der Lage, eine Erklärung für entstandene (Netzwerk-) Strukturen zu liefern: Bei einer Freundschaft sind sich zwei Personen tendenziell ähnlich. Wenn mehrere Personen sich ähneln, entsteht eine (Netzwerk-) Struktur aus Freunden. Die Personen, die sich innerhalb dieses Netzwerkes befinden, werden von diesem beeinflusst. Dadurch entstehen neue Freundschaften, andere werden durch erneuten Kontakt reanimiert und wieder andere Freundschaften brechen auseinander. Das Konzept der Homophilie misst dabei die Einflussstärke der Persönlichkeitsmerkmale der Akteure auf diese Prozesse. Ein Großteil der Studien beschränkt sich dabei auf die Untersuchung nur einzelner Persönlichkeitsmerkmale. Dies erschwert die Gewichtung der Merkmale in ihrer Einflussstärke und bedarf deshalb einer genaueren Untersuchung. Zu einer ähnlichen Forderung kommen auch McPherson, Smith-Lovin und Cook. Obwohl sie eine Rangfolge der Homophiliemerkmale bezüglich ihrer Einflussstärke auf das Netzwerk annehmen, fordern auch sie ein „Need for Studies of Multiplexity" (vgl. McPherson/Smith-Lovin/Cook 2001: 437). Daraus abgeleitet stellt sich folgende ergänzende Forschungsfrage:

> **Ergänzende Forschungsfrage (2a): Wie sind die einzelnen Homophiliemerkmale in ihrer Einflussstärke auf Freundschaftsnetzwerke zu gewichten?**

Diese Frage lässt sich in Bezug auf die untersuchten Persönlichkeitsmerkmale noch weiter ausdifferenzieren. Wolf unterscheidet in seinem Modell zu den Theorieansätzen der Freundschaftsbildung zwischen zwei möglichen Auslösern der Freundschaftsentstehung: Zum einen individuelle Mechanismen und zum anderen sozialstrukturelle Mechanismen. Individuelle Mechanismen beschreiben Persönlichkeitsmerkmale der Akteure, beispielsweise Alter oder Wertvorstellungen. Sozialstrukturelle Mechanismen beschreiben Gelegenheitsstrukturen, die eine Verbindung zwischen den Akteuren hervorheben, beispielsweise Wohnort oder Arbeitsplatz (vgl. Wolf 1996). Im Sinne der Unterscheidung dieser Mechanismen, stellt sich folgende ergänzende Forschungsfrage:

> **Ergänzende Forschungsfrage (2b): Lässt sich die Bildung von Freundschaft auf individuelle oder auf sozialstrukturelle Mechanismen zurückführen?**

Um die vorliegenden Forschungsfragen zu beantworten, wurde in einer Fallstudie mit Hilfe eines Fragebogens die zwölfte Jahrgangsstufe eines Gymnasiums (N=87) befragt. Ermittelt wurden sowohl strukturelle Daten (soziales Netzwerk), als auch Persönlichkeitsmerkmale (Homophiliemerkmale) der Schüler. Die Fragestellungen im Teil der Persönlichkeitsmerkmale orientieren sich größtenteils an der Shell Jugendstudie 2010 (Albert/Hurrelmann/Quenzel 2010).

1.3 Aufbau der Arbeit

Der Aufbau dieser Arbeit sieht eine einführende Klärung des Freundschaftsbegriffs, die Erklärung des Homophiliemodells sowie die Darlegung und Auswertung der eigenen Fallstudie vor. Die Arbeit wird sich im ersten Kapitel mit theoretischen Konzepten der Freundschaft beschäftigen. Freundschaft soll in diesem Teil als soziale Beziehung dekonstruiert werden, indem ein Abriss über bisherige Freundschaftstheorien gegeben wird. Aspekte der Sozialisationsfunktion der Freundschaft werden eher außen vorbleiben und eine Operationalisierung von Freundschaft, anhand der soziologischen Klassiker Weber, Simmel und von Wiese, wird im Vordergrund stehen. Dabei wird der Fokus vor allem auf die These Simmels der differenzierten Freundschaften gelegt. Differenzierte Freundschaften nach Simmel beschreiben Freundschaften, die sich nach dem Umgebungskontext ausdifferenzieren und so verschiedene, multiplexe Freundschaftsbeziehungen begründen.
Im darauf folgenden Teil wird das Konzept der Homophilie ausführlich dargestellt. Hierzu wird der Ursprung der Homophilie, die erste Homophiliestudie (Lazarsfeld/Merton 1964), erläutert und anschließend der Wandel vom ursprünglichen Begriff bis hin zum heutigen Verständnis nachvollzogen. Dabei bietet das Konzept nicht nur theoretische Grundlagen, sondern auch die entsprechenden empirischen Methoden zur Messung von Homophilie in Freundschaftsnetzwerken. Zusätzlich werden einige bisherige Forschungsergebnisse präsentiert und im Hinblick auf unser Forschungsdesign diskutiert.
Anhand der theoretischen Grundlagen werden in den darauf folgenden Teilen die Methoden des Homophiliemodells und der sozialen Netzwerkforschung präzisiert und angepasst. Die Instrumente der durchgeführten Studie werden näher erläutert und begründet. Die Forschungsfragen werden aus den Lücken der bisherigen Forschungsergebnisse hergeleitet. Die erhobenen Daten werden ausgewertet und die Ergebnisse werden beschrieben und interpretiert.
Im Zuge der Forschung wird gezeigt, dass Zusammenhänge zwischen der sozialen Struktur und den persönlichen Merkmalen der Schüler bestehen. Mit dem Konzept der Homophilie lässt sich dieser Zusammenhang messen. So wird es auch möglich sein, die Einflussstärke der unterschiedlichen Merkmale darzustellen und zu ordnen. Mit diesem Vorgehen soll dazu beigetragen werden, die Multiplexität von Beziehungen zu entzerren.
Abschließend wird die Studie reflektiert. Stärken und Schwachstellen der Methode und der Instrumente sollen aufgezeigt werden und ein Ausblick auf weitere Forschungen wird dargestellt. Im Rahmen dieser Arbeit passt folgendes Zitat:

„Wenn man die Wirkungen (Funktionen, Leistungen) von Netzwerken sowie ihre Dynamik (Gestaltbarkeit, Veränderbarkeit) verstehen will, benötigt man beides: sowohl Netzwerk-Strukturen, als auch Akteure sowie schließlich auch eine Vorstellung von ihrem Zusammenspiel." (Hollstein 2008: 92)

1.4 Einführende Begriffsklärung: Netzwerkforschung

In dieser Forschungsarbeit werden Fachtermini aus der Netzwerkforschung verwendet. Um ein Grundverständnis beim Leser herzustellen, sollen einige Begriffe einführend in Kürze erläutert werden. Dabei wird zunächst nur auf die Begriffe eingegangen, die in erster Linie für das Verständnis des theoretischen Teils dieser Arbeit wichtig sind. Eine weiterführende Darlegung der Netzwerkforschung folgt im empirischen Teil dieser Arbeit (vgl. Kapitel 7.1).
Der Begriff des Netzwerkes wird vielfältig genutzt. Es gibt Computernetzwerke, Unterstützungsnetzwerke und auch im Zusammenhang mit der Stromversorgung wird von Netzwerken gesprochen. Im Rahmen dieser Arbeit wird der Begriff „Netzwerk" im Sinne des *sozialen Netzwerkes* verwendet. „Soziales Netzwerk" ist ein Überbegriff. Unter diesem werden bestimmte Sichtweisen auf Gruppen zusammengefasst, die Akteure als untereinander verbunden beschreiben. „Soziales Netzwerk" wird hierbei als Metapher für die Streuung sozialer Beziehungen zwischen den Akteuren im sozialen Raum verwendet. Es ist oft mit einer bildlichen Darstellung assoziiert (vgl. Scott 2006: 1).

1.4.1 Soziale Netzwerke

Soziale Netzwerke gehen mit bestimmten Begrifflichkeiten einher. Die einzelnen Netzwerkeinheiten sind abhängig vom Untersuchungskontext. In dieser Forschungsarbeit werden Akteure betrachtet, die als „Knoten" bezeichnet werden. Eine Beziehung zwischen zwei Knoten (oftmals auch mit dem englischen Begriff „tie" bezeichnet) wird „Kante" genannt (vgl. Jansen 2006: 58f.). In Abbildung 1 ist beispielhaft ein soziales Netzwerk mit Knoten und Kanten visualisiert.

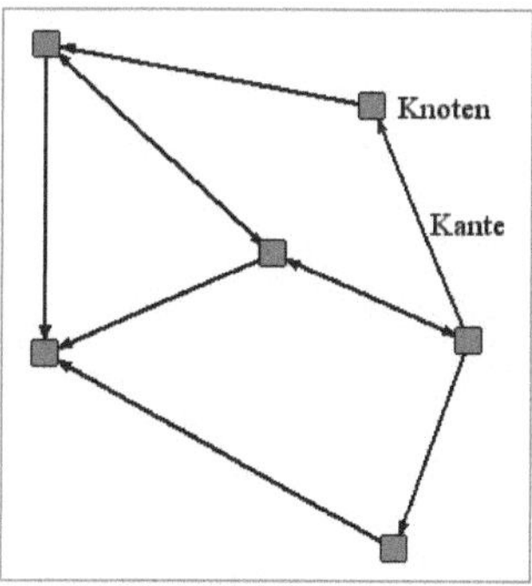

Abbildung 1: Visualisiertes soziales Netzwerk mit Knoten und Kanten (eigene Darstellung)

Der Zusammenhalt des gesamten Netzwerkes wird über die *Dichte* ausgedrückt. In einem gerichteten Netzwerk wird sie als die tatsächliche Realisation der Kanten im Verhältnis zur Realisation aller möglichen Kanten definiert (vgl. Schnegg/Lang 2002: 36).

Innerhalb eines Netzwerkes können sowohl den Akteuren, als auch den Kanten diverse Eigenschaften zugeschrieben werden. Die nachfolgenden Relationsbeschreibungen beziehen sich auf die Qualität der Kanten. Die Art der Beziehungen innerhalb eines Netzwerkes, die *Relationsinhalte,* lassen sich klassifizieren. Ein Netzwerk, in dem die Kanten eine Bewertung von Freundschaft beinhalten, bildet Gefühlsbeziehungen ab. Die *Relationsintensität* wird dabei nach der subjektiven Wichtigkeit für den jeweiligen Akteur definiert. Bei der *Form der Relationen* geht es um die Gerichtetheit der Beziehung. Eine Beziehung, die erwidert wird, nennt man reziprok oder symmetrisch (vgl. Jansen 2006: 58ff.). In Abbildung 1 sind beispielhaft unsymmetrische Kanten dargestellt, es handelt sich also um ein gerichtetes Netzwerk. Die Pfeile geben dabei die Richtung der Beziehungen an.

Den Eigenschaften der Akteure werden die *Grad-Zentralitäten* zugeordnet. Diese geben die Anzahl der ein- und ausgehenden Kanten der Akteure an. Die Beziehungen, die von einem Akteur ausgehen, nennt man Outdegree. Die eingehenden Kanten werden Indegree genannt (vgl. Schnegg/Lang 2002: 36f.).

1.4.2 Netzwerkanalyse

> *"Der Grundgedanke der sozialen (...) Netzwerkanalyse ist der vielzitierte Ausspruch von Aristoteles (384 – 322 v. Chr.): 'Das Ganze ist mehr als die Summe seiner Teile.' Nicht die Attribute von Individuen stehen bei den Analysen im Mittelpunkt, sondern die Beziehungen zwischen den Individuen. Das Netzwerk, das dadurch entsteht, wird in Hinblick auf strukturelle Eigenschaften des Gesamten sowie einzelner Akteure untersucht." (Pfeffer 2008: 227)*

Die Analyse und Explikation eines Netzwerkes wird durch die Methoden der Netzwerkanalyse vorgenommen. Dabei werden die *Muster oder Strukturen von Beziehungen* innerhalb des Netzwerkes untersucht (vgl. Haas/Malang 2010: 89). Die dazu verwendeten Methoden sind vielfältig. Eine Zusammenstellung der verschiedenen Methoden wurde von Dorothea Jansen zusammengetragen. Die Deutungen und Beschreibungen der Netzwerkanalyse unterliegen bestimmten Paradigmen und Theoremen, die sich unter dem Begriff der Netzwerktheorie zusammenfassen lassen. Die Trennung zwischen Analyse und Theorie ist oft nicht eindeutig. So schreibt Dorothea Jansen: „Netzwerkanalyse ist gleichzeitig ein statistisches Instrumentarium zur Analyse [...] und eine Theorieperspektive" (Jansen 2006: 11). Ein Netzwerk kann typischerweise auf fünf Ebenen analysiert werden. Die folgende Darstellung dieser fünf Ebenen bezieht sich auf die von Jansen (vgl. Jansen 2006: 60ff.; 65ff.; 193ff.).

1. Ebene: Die *Dyade* ist die kleinste Einheit des Netzwerkes; sie stellt eine Zweierbeziehung dar. Die Form der Beziehung kann entweder symmetrisch, asymmetrisch oder nicht vorhanden sein.

2. Ebene: Kommt noch ein weiterer Akteur hinzu, spricht man von einer *Triade.* In diesem Dreier-Netzwerk kann jeder Akteur zu zwei weiteren Akteuren eine Beziehung haben. Die Zahl, der innerhalb des Netzwerkes möglichen Beziehungen, vervielfacht sich also gegenüber einer Dyade.

3. Ebene: Bei einem *Ego-zentrierten Netzwerk* wird das Netzwerk aus der Sicht einer Person (Ego) betrachtet. Hierbei sind sowohl Ego-Beziehungen, Beziehungen von Ego zu anderen Akteuren, als auch Alteri-Beziehungen, also Beziehungen zwischen anderen Akteuren, interessant.

4. Ebene: Eine weitere Art der Betrachtung ist die der *Gruppen innerhalb von Netzwerken.* Diese Gruppen bestehen aus allen möglichen Zweier-, Dreier-, Vierer-, n-Beziehungen. Die Gruppeneinteilung erfolgt über die Merkmale der Akteure oder die Art der Beziehungen. Hierbei gibt es die engen Cliquenbeziehungen von un-

tereinander verbundenen Akteuren oder dieselbe Art von strukturellen Außenbeziehungen von nicht zwingend verbundenen Akteuren. Die Analyse im Rahmen unserer Studie findet hauptsächlich auf dieser Ebene der Gruppen innerhalb von Netzwerken statt.

5. Ebene: Bei der ganzheitlichen Betrachtung eines *Gesamtnetzwerkes* ist vor allem das Beziehungsverhältnis zwischen den Individuen oder den Gruppen interessant.

2 Freundschaft als soziale Beziehung

Der Begriff Freundschaft wird im Alltag sehr unterschiedlich verstanden und gebraucht. Deshalb wird im folgenden Teilabschnitt gezeigt, inwieweit Freundschaft als Beziehungsform und als soziologische Kategorie ausgefüllt ist.

2.1.1 Der Freundschaftsbegriff in soziologischen Lexika

Zu Beginn dieses Abschnittes sollen beispielhaft drei Definitionen aus soziologischen Wörterbüchern zitiert werden, um einen ersten Zugang zu den verschiedenen Aspekten der Freundschaft zu generieren:

> *„Persönliche, freiwillige und dauerhafte Beziehung zwischen zwei oder mehreren Personen mit emotionaler, in der Regel aber ohne sexuelle Bindung und ohne soziale Kontrolle von außen. [...]Das Verständnis von Freundschaft unterliegt sozialem Wandel und Interkulturellen Variationen."(Endruweit/Trommsdorff 1998: 216)*

> *„Freundschaft, anspruchsvolle Bezeichnung der Alltagssprache für eine besonders persönlich ‚gefärbte' Form direkter sozialer Beziehungen, die [...] freiwillig und auf längere, nicht fixierte Dauer eingegangen wird. [...] Die aufeinander einwirkenden Einbeziehungen [...] der Freundschaftspartner werden nicht aus ihren sonstigen sozialen Rollen abgeleitet; vielmehr stehen sich Freunde als Persönlichkeiten, als ‚ganze Menschen' gegenüber. [...] Die Freundschaft erfüllt in Zeiten sich auflösender Gesellschaftsstrukturen, [...], gerade wegen der Offenheit und Risikolosigkeit der sozialen Aktions- und Reaktionsmöglichkeiten, eine gesellschaftsstabilisierende und die beteiligten Personen vor psychischen Konflikten und Belastungen bewahrende Funktion." (Hillman 2007: 247f.)*

> *„Freundschaft, eine persönliche Beziehung, die sich durch längerfristig bestehende Interdependenz zweier Personen und eine starke Ausrichtung auf ihre sozial-emotionale Qualität auszeichnet. [...]. Gemeinsame Aktivitäten, Intimität, Affektivität und wechselseitige Unterstützung gehören zu F., wenngleich ihre Inhalte und ihr Umfang stark variieren [...]." (Fuchs-Heinritz/Lautmann 2007: 216)*

An diesen Ausschnitten lässt sich gut nachvollziehen, dass auch hier kaum Einigung darüber besteht, welche Kriterien angelegt werde können, um Freundschaft zu beschreiben. Einigkeit herrscht bei allen drei Definitionen darin, dass Freundschaft erstens eine persönliche Beziehung ist und zweitens dauerhaft beziehungsweise längerfristig eingegangen wird. Die Definitionen 1 und 2 stimmen zudem noch darin überein, dass Freundschaft eine freiwillige Komponente hat. Die Definitionen 1 und 3 benennen beide die emotionale beziehungsweise affektive Qualität von Freundschaft.

Damit sind die Gemeinsamkeiten der Definitionen auch schon abgedeckt. Aus ihnen ist jedoch ablesbar, dass sie auf bestimmte theoretische Konzeptionen rekurrieren. So bezieht die zweite Definition ausgehend vom Rollenmodell einen makrosoziologischen Standpunkt und beinhaltet zusätzlich den funktionellen Wert der Freundschaft unter sich verändernden sozialen Umständen. Die dritte Definition wiederum betitelt zwei weitere individuelle Aspekte der Freundschaft: Zum einen setzt Freundschaft gemeinsame Aktivität voraus und zum anderen stellt sie wechselseitige Unterstützung bereit. Zugleich verweist diese Definition auch auf die Tatsache, dass Freundschaftsbeziehungen sehr unterschiedliche Ausprägungen haben.

2.1.2 Der Freundschaftsbegriff bei Ursula Nötzoldt-Linden

Die Soziologin Ursula Nötzoldt-Linden beschäftigt sich in ihrem Werk „Freundschaft“ (Nötzoldt-Linden 1994) ausgiebig mit dem Thema und geht dabei sowohl auf historische als auch moderne Freundschaftsauffassungen der Sozialwissenschaften ein. Sie kommt hinsichtlich der Merkmale und Funktionen von Freundschaft zu folgenden interdependenten Übereinstimmungen (vgl. Nötzoldt-Linden 1994: 80f.):

- Freundschaft als bestimmte, unwandelbare Beziehungsform gibt es nicht.
- Freundschaft kann als wichtiger, nicht familialer Primärbereich der Gesellschaft gelten.
- Freundschaft lässt sich weder raum-zeitlich institutionell verordnen noch ist ihr Handlungsinhalt präformiert.
- Implizit lässt sich aus Freundschaft, als zentrale makrosoziologische Funktion, ein Kompensationspotenzial ableiten.[1]

[1] Die Kompensationsfunktion sieht die Autorin in der Normungebundenheit der Freundschaft im Gegensatz zu anderen Beziehungsformen. In der Freundschaft ist es individuell möglich neue Beziehungskonstellationen und damit einhergehend ein eigenes Themen-

Diese Definition von Freundschaft ist die bisher umfassendste. Im Gegensatz zu den vorangegangen Definitionen, geht diese Definition über rein sozialpsychologische Aspekte hinaus und versucht Freundschaft in ihrer ursächlichen Form zu erklären. Trotzdem ist diese Betrachtungsweise noch nicht präzise und lässt entscheidende Aspekte offen. Beispielsweise welche Faktoren zur Bildung von Freundschaften führen. Auf der anderen Seite ist dieses Verständnis von Freundschaft eines, dass funktionelle Aspekte sowohl aus mikro- als auch aus makrosoziologischer Perspektive benennt.

2.1.3 Funktionelle Aspekte der Freundschaft

Sowohl in den Lexikonausschnitten als auch bei Nötzoldt-Linden wurden bereits funktionelle Aspekte der Freundschaft benannt. Funktionell wird Freundschaft sowohl individuell als auch makrosoziologisch betrachtet.
Ebrecht (2003) betrachtet Freundschaft aus einer psychoanalytischen Perspektive. Sie nimmt an, dass Freundschaft eine individuelle Entwicklungsfunktion für die Psyche hat. Diese besteht darin, „die Ansprüche des anderen zu achten und seine Selbstliebe zu bestätigen, ohne eigene narzisstische Wünsche aufzugeben (wie etwa den, um seiner selbst Willen geliebt zu werden)“ (Ebrecht 2003: 261). Diese individuelle Entwicklungsfunktion der Freundschaft trägt durch die Akzeptanz des Anderen dazu bei, dass „soziale Regeln“ verankert werden, das heißt, dass Normen akzeptiert und internalisiert werden.
Eine ähnliche Sichtweise postulieren viele Pädagogen, wenn sie Peergroups untersuchen. Dort wird der freundschaftliche, spielerische Umgang mit den anderen Kindern/Jugendlichen als wichtiger Sozialisationsaspekt gesehen, um die Regeln/Normen der Erwachsenenwelt zu erlernen (bspw. Rohlfs 2010: 61).
Schließlich wird die direkte Funktionalität der Beziehungsart Freundschaft untersucht. Beispielsweise in Granovetters Studie „Getting a Job“, in der freundschaftliche Beziehungen auf den Erfolg bei der Jobsuche hin untersucht werden (Granovetter 1995). Schon in diesem kurzen Abschnitt konnte gezeigt werden, dass freundschaftlichen Beziehungen eine hohe Funktionalität zugerrechnet wird. Diese Sichtweise entspricht einer Netzwerksicht, in der Beziehungen als Kapital gesehen wird.

---

und Wertespektrum zu kreieren, welches von der Gesellschaft nicht sanktionierbar ist jedoch innovativ auf die Gesellschaft zurück wirken kann.

2.1.4 Zusammenfassung

Es konnte demonstriert werden, dass der Freundschaftsbegriff nicht nur im Alltagsverständnis unklar ist, sondern auch in der Soziologie keinen fest definierten Begriff darstellt. Dass „Freundschaft" aber keine zu vernachlässigende Kategorie ist, kann dadurch begründet werden, dass der Funktion der Freundschaft ein so hoher Stellenwert zugesprochen wird. Es gilt also in den nächsten Kapiteln einen Freundschaftsbegriff zu entwickeln, der abbilden kann unter welchen Bedingungen sich Freundschaft bildet. Zu diesem Zweck werden in den nächsten Kapiteln einige verschiedene Sichtweisen und die dazugehörigen theoretischen Ursprünge im Detail betrachtet.

2.2 Der Freundschaftsbegriff soziologischer Klassiker

2.2.1 Der Freundschaftsbegriff bei Georg Simmel

Simmel gilt als Begründer der formalen Soziologie. Grundlegend für diese ist, dass die Gesellschaft sich aus den Formen der sozialen Beziehungen ihrer Mitglieder konstituiert. „Unabhängig von deren jeweiligen Inhalten ist Soziologie die Wissenschaft von den Formen in denen Individuen sinnhaft aufeinander bezogen agieren und miteinander in Wechselwirkung stehen" (Fuchs-Heinritz/Lautmann 2007: 615). Der Aufgabenbereich der Soziologie ist es folglich, die Form zu analysieren, während der Inhalt variabel ist. Soziale Struktur entsteht damit aus der Regelhaftigkeit von Beziehungen (vgl. Vaskovics 2001: 620).

Mit dieser Sichtweise betrachtet Simmel Freundschaft als eine Zweierbeziehung (Dyade) unter vielen. Hierzu zählen beispielsweise auch die Ehe oder ein Staatenbündnis. Für Simmel ist die Form der Dyade (Zweierbeziehung) das Ausschlaggebende im Verhältnis und nicht der jeweilige Inhalt dieser Form (vgl. Simmel ((1908) 1992: 115f.).

Das Verhältnis der Formen und dem Akteur beschreibt Hollstein so, dass die Formen einen Möglichkeitsraum vorgeben, der von den Akteuren individuell ausgefüllt wird (vgl. Hollstein 2008: 95). Dies entspricht dem Gedanken Simmels, dass der Inhalt einer Form variabel ist.

Aus dieser Betrachtungsweise heraus prägte Simmel den Begriff der „differenzierten Freundschaft". Dabei ändert sich die Gestalt der Freundschaft in der, aus seiner Sicht, modernen Gesellschaft: Durch die steigende Komplexität der Gesellschaft differenziert sich die Gesellschaft immer mehr. Damit geht eine zunehmende intrapersonelle Differenzierung einher. Diese Differenzierung führt laut Simmel dazu, dass Freundschaften nur partiell, in einzelnen Persönlichkeitsbereichen, eingegangen werden und nicht mehr die Persönlichkeit als Ganzes umfassen, wie es dem, von ihm genannten, antiken Vorbild entspricht. Diese partiell eingegangenen Freundschaften beschränken sich dann immer nur auf einen Teil des Charakters und bilden einen besonderen Typus der Freundschaft:

> *„Es scheint, daß deshalb die moderne Gefühlsweise sich mehr zu differenzierten Freundschaften neigt, das heißt zu solchen, die ihr Gebiet nur an je einer Seite der Persönlichkeit haben und in die die übrigen nicht hineinspielen. [...] Diese differenzierten Freundschaften, die uns mit einem Menschen von der Seite des Gemütes, mit einem anderen von der der geistigen Gemeinsamkeit her, mit einem Dritten um religiöser Impulse willen mit einem Viertem durch gemeinsame Erlebnisse verbinden [...]." (Simmel (1908) 1992: 401)*

Die Betrachtungsweise Simmels bezieht somit, auch wenn nicht explizit erwähnt, das Umfeld der Personen mit ein, da Personen sich durch das Eingebundensein in soziale Kreise erst differenzieren und die Anzahl der Kreise, in die das Individuum involviert ist, mit dem Entwicklungsgrad der Gesellschaft zusammenhängt. Differenzierung ist hierbei als ein historischer, gesellschaftlicher Prozess zu verstehen (vgl. Junge 2009: 19).

Durch die Differenzierung wird Freundschaft bei Simmel multidimensional (Stegbauer 2010: 112) und sollte somit auch in den verschiedenen Dimensionen messbar sein. Die Dimensionen bestehen aus den verschiedenen Seiten der Persönlichkeit.

Man findet hier, wenn auch auf einem abstrakteren, eloquenteren Hintergrund, einige im vorigen Abschnitt erwähnten „Bindestrich-Freunde" aus dem Alltag wieder. Bei Simmel existiert bereits die Vorstellung davon, dass Freundschaften nur Teilbereiche der Persönlichkeit umfassen, andere jedoch außer Acht lassen. Was Simmel mit dem „Vierten Typus des gemeinsamen Erlebnisses" beschreibt, könnte durchaus auch der Freund sein, mit dem man zusammen Sport treibt: Der Vereins-, beziehungsweise Sportfreund.

2.2.2 Der Freundschaftsbegriff bei Max Weber

Ähnlich wie Simmel schreibt auch Weber keine Abhandlung über Freundschaft, sondern erwähnt diese als eine Unterform der sozialen Beziehung, ohne näher darauf einzugehen. Trotzdem ist das von Weber definierte Konzept der sozialen Beziehung eines, das für den Begriff der Freundschaft Relevanz besitzt. Während

Simmel gesellschaftliche Prozesse, in Gestalt der Ausdifferenzierung, in sein Konzept mit einbezieht, betrachtet Weber soziale Beziehungen als einen Fall für sich. Er verfolgt damit die Absicht, eine Definition soziologischer Grundbegriffe zu verfassen (vgl. Weber 1980: 11ff.). Entscheidend bei Weber ist, dass seine Handlungstheorie rational ist. Das Individuum und die zum eigenen Vorteil gefällten Entscheidungen stehen hierbei im Vordergrund. Soziale Beziehungen sind nach Weber folgendermaßen definiert:

> *„Soziale ‚Beziehung' soll ein seinem Sinngehalt nach aufeinander gegenseitig eingestelltes und dadurch orientiertes Sichverhalten mehrerer heißen."* (ebd.: 13)

Dabei unterscheidet er nicht welcher Art die Beziehung ist, sondern lediglich, dass sich das „soziale Handeln" beidseitig aufeinander bezieht. Dies kann laut Weber sowohl bei Freundschaft als auch bei Feindschaft der Fall sein. Mit diesem Gedanken geht einher, dass eine soziale Beziehung nicht beidseitig mit dem gleichen Sinn gefüllt sein muss. Weber bezeichnet diesen Fall als „objektiv einseitige" Beziehung, im Gegensatz zu „objektiver Beidseitigkeit", und nennt als Beispiel hierfür eine Eltern-Kind Beziehung, bei der der Sinngehalt und die damit verbundenen Erwartungen weitgehend übereinstimmend sind (vgl. ebd.: 14)
Unter der Bedingung, dass die gedachten Sinngehalte zwischen den Beziehungspartnern variieren können, erscheint es logisch, dass die Benennung der Beziehung immer über externe Zuschreibung verläuft:

> *„Daß eine ‚Freundschaft' oder daß ein ‚Staat'[2]besteht oder bestand, bedeutet also ausschließlich und allein: wir (die Betrachtenden) urteilen, daß eine Chance vorliegt oder vorlag: daß auf Grund einer bestimmt gearteten Einstellung bestimmter Menschen in einer einem durchschnittlich gemeinten Sinn nach angebbaren Art gehandelt wird, und sonst gar nichts."* (ebd.: 14)

Diese Sichtweise erklärt, warum das Alltagsverständnis von Freundschaft kein eindeutiges ist. Freundschaft verläuft nach Weber in einem Zuschreibungsprozess und ist daher individuell schattiert.
Zum Ziel einen operationalisierbaren Freundschaftsbegriff zu entwickeln, trägt die Arbeit von Max Weber folgende Aspekte bei: Freundschaft ist eine soziale

---

2 „Freundschaft" wird auch hier nur als Beispiel für eine Art der sozialen Beziehung gebraucht

Handlung. Dieser sozialen Handlung wird ein individueller Sinngehalt unterstellt. Dieser Sinngehalt muss nicht reziprok sein.

2.2.3 Der Freundschaftsbegriff bei Leopold von Wiese

Was von Wiese im Rahmen dieser Arbeit interessant macht, ist nicht nur sein Verständnis von Freundschaft, sondern darüber hinaus die von ihm entwickelte Beziehungslehre, die sich auf alle Beziehungen auslegen lässt. Von Wieses Beziehungslehre besteht aus folgenden vier Kategorien (vgl. von Wiese (1933) 1966: 110 ff.):

1. Die Hauptkategorie ist die des „Sozialen Prozesses", welche das Geschehen im sozialen Raum beschreibt und somit alle Näherungs- und Entfernungsvorgänge beinhaltet.
2. Diese Näherungs- und Entfernungsvorgänge beziehungsweise Distanzverschiebungen werden in der Kategorie „Abstand" gefasst.
3. „Sozialer Raum" beschreibt den Raum in dem die sozialen Prozesse geschehen, dieser ist dabei vom physischen Raum zu trennen.
4. Ein „Soziales Gebilde" ist eine Zusammenfassung von sozialen Beziehungen, die man als Einheit deuten kann.

Als soziale Beziehung definiert von Wiese Folgendes:

> *„Sie ist ein durch einen sozialen Prozess oder häufiger durch mehrere soziale Prozesse herbeigeführter labiler Zustand der Verbundenheit oder Getrenntheit zwischen Menschen. Ganz kurz [...] gesagt: eine soziale Beziehung ist ein bestimmter Abstand zwischen ihnen." (ebd.: 110)*

Hier kommt es zum ersten Mal zu einem Perspektivenwechsel in der Betrachtung: Weg von einer individuellen Perspektive, hin zu einer systembedingten, strukturellen Perspektive auf Beziehungen. Während Weber und Simmel soziale Beziehungen als ein individuell geformtes Konstrukt betrachten, bei dem individuelle Entscheidungen und Ziele verfolgt werden, bezieht von Wiese in seine Beziehungslehre den Aspekt der sich ständig ändernden Umgebung mit ein.
Auch von Wiese analysiert nicht explizit Freundschaftsbeziehungen, sondern benennt Freundschaft lediglich als eine Art der Paarbeziehung. Er definiert aller-

dings Freundschaften als „Wahlgruppen“ und unterscheidet diese von „normierten“ Gruppen, da sie durch freie Wahl der Individuen entstehen. In diesem Bereich unterscheidet er wiederum die Form des typischen und die des atypischen Paares; Freundschaftspaare zählen hierbei zu den typischen Paaren. Atypische Paare sind Paare, die aus Lebenssituationen heraus entstehen und nicht für Paarbeziehungen charakteristisch sind; beispielsweise ein Lehrer- Schülerverhältnis. Aber was ist für Wiese charakteristisch in typischen Paarbeziehungen?

1. Eine Verbundenheit, die wesentliche Charakterzüge umfasst und in mehr als einem Spezialzweck zum Ausdruck kommt.
2. Eine gewisse zeitliche Dauer der Verbundenheit (von Wiese nennt hier keine Zeitangabe).
3. Eine Mehrzahl von sozialen Prozessen muss wiederkehrend und in wechselnder Mischung bestehen (vgl. ebd.: 462 ff.).

Jedoch unterscheiden sich Paarbeziehungen in der Intensität der Verbundenheit, wobei eine schwache Verbundenheit die Erkennung der Paarmerkmale erschwert. Sowohl die Charakterzüge wie auch die Dauer und die Anzahl der sozialen Prozesse sollten empirisch im Hinblick auf die Intensität beziehungsweise ihrer Distanz messbar sein.

2.3 Zusammenfassung und theoretische Überlegungen

Bisher wurde gezeigt, dass Freundschaft eine soziale Beziehung ist, die in verschiedenen, unterscheidbaren Ausprägungen auftritt. Die einzelnen Aspekte der Freundschaft als solches konnten etwas genauer definiert werden. Bei den drei genauer betrachteten Autoren tauchen viele Merkmale der Freundschaft auf, die auch im vorangegangenen Lexikon-Teil genannt wurden (vgl. Kapitel 2.1.1). Zusätzlich konnten einige theoretische Aspekte im Hinblick auf das Forschungsprojekt extrahiert werden. Folgende Erkenntnisse sind besonders zu beachten:

- Die Betrachtungsweise Simmels der „differenzierten Freundschaften“. Freundschaften auf einzelne individuelle Merkmale zu beschränken, dient der Operationalisierbarkeit und ist sowohl Basis als auch eine Erweiterung des Homophiliekonzepts wie es später besprochen wird (vgl. Kapitel 2.2.1).
- Die Sicht Webers, dass Handlungen einen subjektiven Sinn beinhalten. Dies ist besonders bei der Bildung von Freundschaften interessant, da den

Individuen aktive Entscheidungen zugesprochen werden (vgl. Kapitel 2.2.2).

- Der strukturelle Aspekt, der von von Wiese eingeführt wird. Hierbei wird Freundschaft als in einem sozialen Raum stattfindender, sozialer Prozess begriffen, dessen Struktur durch die Kategorie der Distanz messbar wird (vgl. Kapitel 2.2.3).

2.3.1 Einordnung der Theorien in den Kontext der Mikro- und Makroebene

Diese genannten Modelle der sozialen Beziehungen lassen sich grundsätzlich auf einer Skala zwischen zwei Extremen einordnen. Es wird unterschieden zwischen individuellen, sozialpsychologischen und strukturellen Erklärungsansätzen. Bei den individuellen Erklärungsansätzen von Freundschaften gehen die Systemeigenschaften aus den Akteureigenschaften hervor, ohne dass diese auf die Systemeigenschaften zurückwirken. Bei den strukturellen Erklärungsansätzen ist die Wirkrichtung exakt umgekehrt (vgl. Acham 1990: 78).
Soziale Beziehungen sind bei individuellen Ansätzen maßgeblich vom Akteur beeinflusst. Exemplarisch für diese Sichtweise steht Max Weber, der das Individuum als Atom, also als kleinste Einheit der Gesellschaft ansieht. Die Gesellschaft wird durch die getroffenen Entscheidungen des Akteurs maßgeblich bestimmt (vgl. Weber 1988: 439; s.a. Suckale 2002: 437).
Strukturelle Ansätze hingegen ziehen die strukturellen Gegebenheiten stärker in den Fokus der Betrachtung hinein. Dieses Umfeld und die Position, welche die Akteure darin einnehmen, sind entscheidend für die Bildung von sozialen Beziehungen:

> *„Über die Strukturen der Gesellschaft verteilen sich die Chancen für das Verhalten der Menschen systematisch. Und durch das so strukturierte Handeln werden die Strukturen der Gesellschaft immer wieder neu reproduziert – oder zerstören sich in einem dialektischen Prozeß eventuell schließlich selbst. [...] Nur die strukturellen Eigenschaften der Gesellschaft bestimmen das Geschehen - ganz und gar unabhängig ob die Menschen davon wissen oder nicht." (Esser 1996: 419)*

Im Hinblick auf das Deutungsmuster der individuellen und strukturellen Ansätze werden im kommenden Abschnitt einige Handlungstheorien vorgestellt. Dies dient der Operationalisierung von Freundschaft und ist als Ergänzung zu den bisherigen Grundlagen anzusehen.

3 Netzwerkforschung als strukturelle Theorie

Im vorigen Teil wurde beschrieben, inwieweit Freundschaft als soziale Beziehung definiert ist. Dabei fällt auf, dass sich soziale Beziehungen, deren Bildung und die entsprechenden Handlungstheorien im Spannungsfeld zwischen zwei theoretischen Richtungen bewegen. Dies sind die individuellen und die strukturellen Erklärungsansätzen zur Freundschaftsgenese. Dieses Spannungsfeld wird in diesem Teil näher betrachtet. Dazu werden einige Handlungstheorien vorgestellt. Die leitende Fragestellung soll dabei sein: Inwieweit beeinflusst das soziale Umfeld die Bildung von sozialen Beziehungen?

Handlungstheorien, die der individuellen Richtung zugehörig sind, folgen grundsätzlich der Prämisse, dass die Akteure durch ihr Handeln ihre Umgebung bestimmen, während dies umgekehrt nicht oder nur sehr gering der Fall ist. Diese Konzeptionen können als untersozialisiert kritisiert werden. Damit ist gemeint, dass oftmals in theoretischen Betrachtungen der Einfluss des Umfelds auf die Akteure nicht genügend beachtet wird. In strukturellen Handlungstheorien hingegen muss analysiert werden, über welche sozialen Mechanismen die Akteure verbunden sind und was in diesen Verbindungen geschieht. Diese Modelle können als übersozialisiert kritisiert werden (vgl. Diaz-Bone 1997: 28).

Im Folgenden werden einige Handlungstheorien vorgestellt, die bereits eine Verknüpfung vornehmen. Es scheint erforderlich diese Theorien vorzustellen, weil die Entstehung von Freundschaft nur aus der einen oder der anderen Theorieperspektive zu benennen sicherlich zu kurz greifen würde.

3.1 Handlungstheorien zwischen Mikro- und Makroebene

Zur Einordnung der bereits vorgestellten Theorien und zum besseren Verständnis soll nun die Problematik des Verhältnisses der Mikro- und Makroebene in der empirischen Sozialforschung dargestellt werden. James S. Coleman hat mit seinem Aufsatz „Social Theory, Social Research, and a Theory of Action“ (Coleman 1986), einen grundlegenden Beitrag zur Problematik geliefert. Er beschäftigt sich damit, wie soziologische Handlungstheorien im Spannungsfeld beider Ebenen anzusiedeln sind.[3]

---

[3] Eine ausführlichere Darstellung in deutscher Übersetzung findet sich, vor allem im ersten Kapitel, bei Coleman (1991).

Coleman kritisiert, dass es in der empirischen, quantitativen Sozialforschung eine Neigung zum methodischen Individualismus gibt, welchem zumeist eine voluntaristische, absichtsvolle Handlungstheorie zugrunde liegt, wie sie beispielsweise bei Weber (vgl. Kapitel 1.2.3) gezeigt wurde (vgl. Coleman 1991: 9f.).
Dies zeigt sich seiner Ansicht nach vor allem in der Surveyforschung seit den 1940er Jahren. Auf Umfragen basierende Forschungen schließen dabei durch die bloße Addition der Antworten (Mikroebene) der Befragten auf soziale Umstände (Makroebene). Die Ergebnisse sind jedoch für die soziologische Theorie kaum nützlich, weil sie Handeln („*action*") durch Verhalten („*behavior*") ersetzen. Anders ausgedrückt: Die Befragten agieren nicht selbstständig, sondern reagieren auf ihre soziale Umgebung. Dieser Übergang vom aktiven Handeln zum passiven Verhalten der Akteure kann logisch betrachtet keine Erklärung für Makrostrukturen darstellen (Coleman 1986: 1316).
Das Gegenteil zum methodischen Individualismus bildet der methodische Holismus. Dieser erklärt soziale Umstände lediglich auf der Makroebene aus der holistischen Grundhaltung heraus: Die Gesamtheit ist mehr als die Summe seiner Teile. Auf eine Handlungstheorie wird hierbei gänzlich verzichtet. Die sozialwissenschaftliche Theorienbildung geht davon aus, dass kollektive Phänomene eine unabhängige Variable darstellen.

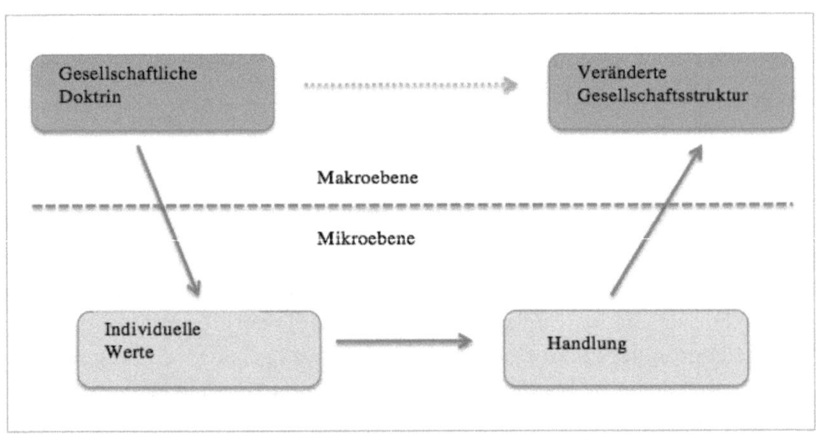

Abbildung 2: Das Mikro- Makromodell nach Coleman (vgl. Coleman 1986: 1321f.)

In Abbildung 2 ist das Dargelegte grafisch aufgearbeitet. Die durchgängigen Pfeile stellen den methodischen Individualismus dar: Individuelle Werte sind das Ergebnis von kollektiven Phänomenen, welche wiederum die je individuellen Handlun-

gen beeinflussen. Veränderungen in der Gesellschaftsstruktur sind dann Ergebnisse der Addition der verschiedenen Handlungen. Der obere Pfeil innerhalb der Makroebene veranschaulicht den Weg des methodischen Holismus. Die gesellschaftliche Doktrin führt direkt zu einer veränderten Gesellschaftsstruktur.
Folgt man der Argumentation Colemans, bedarf es bei empirischen Untersuchungen einer Handlungstheorie, welche sowohl strukturalistische als auch individuelle Aspekte vereint und somit wechselseitige Beeinflussung zulässt. Daher fordert er in der Zusammenfassung des Artikels:

> *„To carry out analysis of systemic action with quantitative data, however, requires a formal theoretical model that relates individual actions to systemic functioning." (Coleman 1986: 1332)*

Diese wechselseitige Beeinflussung muss direkter sein, als durch gesellschaftliche Doktrinen vermittelte Wertvorstellungen. Nach Coleman nehmen sowohl strukturelle als auch individuelle Merkmale Einfluss auf die Handlungen der Akteure. Dem stereotypischen Gerüst, das in Abbildung 2 dargestellt ist, fehlen also direkte Verknüpfungen zwischen den durch die gestrichelte Linie getrennten Ebenen. Diese Verbindung kann das Paradigma der sozialen Netzwerke übernehmen:

> *„In Deutschland hat die Sozialwissenschaft von den vielfältigen Möglichkeiten soziale Netzwerke zu untersuchen, bislang nur wenig Gebrauch gemacht. Das Potenzial des Paradigmas besteht darin, die Kluft zwischen Mikro- und Makroperspektiven der Sozialwissenschaften zu füllen." (Krempel 2008: 224).*

3.2 Die strukturalistische Handlungstheorie Burts: Ein Netzwerkansatz

Die strukturalistische Handlungstheorie von Ronald Burt ist als Netzwerktheorie einzustufen. Sie vereint sowohl sozial strukturelle als auch individuelle Auffassungen von Akteuren. Ebenfalls liefert sie einen Brückenschlag zwischen Mikro- und Makroebene: Der individuelle Aspekt bei Burt ist verankert in seinem Akteurskonzept, welches sich durch zwei Prämissen auszeichnet (vgl. Ruiz 1998: 17):

1. Die Akteure verfolgen Ziele mit den ihnen zur Verfügung stehenden Ressourcen.
2. Die Akteure verfolgen Ziele im Rahmen einer sozialen Struktur.

Der Akteur handelt also immer absichtsvoll in einer ihn umgebenden sozialen Struktur. Nach der Vorstellung Burts beeinflussen die Handlungen der Akteure wiederum die soziale Struktur. Die jeweilige Position des einzelnen Akteurs innerhalb dieser veränderten Struktur bestimmt dann das jeweilige weitere Handeln im Sinne des genannten Akteurkonzepts. Es entsteht somit eine Rückkopplung aus Handlung und Struktur (vgl. Abbildung 3). Dies ist eine Erweiterung der bereits erläuterten Mikro-Makro-Vorstellung Colemans (vgl. Kapitel 1.3.1). Es wird eine zeitliche Komponente eingeführt, durch die ein Kreislauf aus Handlung und einer neuen sozialen Struktur entsteht. Jansen (2006) fasst dies wie folgt zusammen:

> *„Würde man in Burts Darstellung eine Zeitachse einbauen und Sozialstruktur zum Zeitpunkt t_1 von Sozialstruktur zum Zeitpunkt t_2 unterscheiden, so entspräche das Modell auch in diesem Punkt dem Mikro-Makro-Modell von Coleman" (Jansen 2006: 19).*

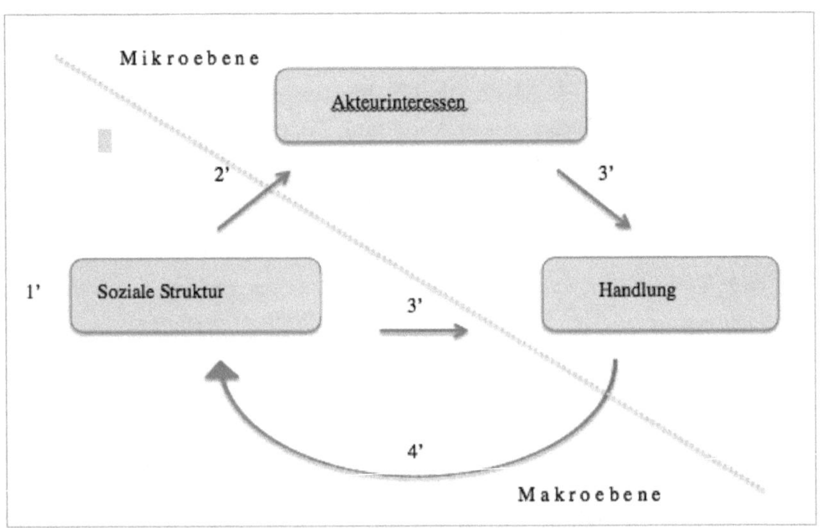

Abbildung 3: Das Handlungsmodell nach Burt (vgl. Burt 1992: 9)

Die Nummerierungen in Abbildung 3 geben die zeitliche Reihenfolge an. Ergänzend wurde die Mikro- und Makroebene eingezeichnet, wie sie dem Modell von Coleman entspricht.

Die Handlungstheorie von Burt wird hier erwähnt, weil sie einige der zuvor genannten Ideenkonzepte sinnvoll miteinander vereint. Sie ist exemplarisch eine Vereinigung der genannten Problematik aus strukturellen und individuellen Konzeptionen. Zwar kann die Arbeit Burts als strukturelle Theorie aufgefasst werden, trotzdem beinhaltet sie individuelle Aspekte. Beispielsweise handeln die Akteure zielgesteuert.

Im Detail geht Burts Theorie von einem voluntaristisch-rationalen Akteur aus. Am deutlichsten wird dies in seinem Werk „Structural Holes: The Social Structure of Competition“ (Burt 1992). Akteure werden hier als *player* bezeichnet, was ihre Eigenständigkeit betonen soll. Der Hauptbeweggrund der Akteure ist ihr persönlicher Nutzen („utlity“).[4] Dieser Nutzen kann unterschiedlichster Art sein und wird von Burt nicht eingeschränkt. Es wird in diesem Modell jedoch davon ausgegangen, dass ein Akteur subjektiven Nutzen wahrnehmen kann.

Zusätzlich unterscheidet Burt grundsätzlich zwischen drei Arten von Kapital die ein *player* mitbringt: finanzielles Kapital, Human-Kapital (persönliche Eigenschaften) und soziales Kapital. Letzteres geht aus den Beziehungen mit den anderen Akteuren hervor und ist somit relationales Kapital, das sich nicht vollständig im Besitz eines einzelnen players befindet. Diese Kapitalformen können jeweils von den Akteuren eingesetzt werden, um persönliche Ziele zu erreichen oder ihren eigenen Nutzen zu maximieren (vgl. Burt 1992: 8ff.).

Ob ein Akteur Kapital einsetzt, hängt von seiner persönlichen Nutzenwahrnehmung ab. Die Nutzenwahrnehmung des einzelnen Akteurs bedingt ihrerseits, wie viele Ressourcen der Akteur bereits besitzt und wie andere, strukturell ähnliche Akteure an seiner Stelle handeln würden. Darin liegt die strukturelle Komponente der Handlungstheorie und stellt zugleich die auffälligste Unterscheidung zu den im Vorfeld genannten Modellen dar (Ruiz 1997: 60).

Der konkrete Akteur fragt sich, welche Handlung strukturäquivalente Akteure an seiner Stelle ausführen würden und handelt danach. Er sieht also seinen eigenen persönlichen Nutzen, aber auch den Nutzen, den Andere in seiner Position von einer Handlung hätten. Damit macht er seinen Nutzen von den Erwartungen an seine Position abhängig. Dies ist die Verknüpfung aus individueller und struktureller Betrachtung, denn durch die Handlungen wird wiederum das System angeregt und ständig verändert (vgl. Abbildung 3), wodurch sich die Bedingungen erneut ändern. Ob die Handlung oder die Struktur die dominante Komponente ist, lässt Burt offen.

Die Schwachstelle jeglicher voluntaristischer Handlungstheorie ist, dass nicht klar beschrieben wird, wie die Nutzenwahrnehmung entsteht. Dies ist problematisch, da die Nutzenwahrnehmung den eigentlichen Auslöser der Handlung darstellt. Burt stützt sich auf das Stevens-Gesetz der subjektiven Wahrnehmung von Stimuli aus dem Bereich der Psychophysik und bietet damit einen Erklärungsversuch (vgl. Ruiz 1998: 60).

4 Die Übersetzung des Begriffs orientiert sich an Ruiz (1997: 59).

3.3 Granovetters Konzept der „Embeddedness"

Kurz soll hier noch eine andere Handlungstheorie angeschnitten werden, welche ebenfalls versucht, das Spannungsfeld zwischen strukturellen und individuellen Handlungstheorien zu entzerren. Mark Granovetters (1985) Aufsatz „Economic Action and Social Structur: The Problem of Embeddedness" setzt sich mit zwei klassischen Akteurmodellen auseinander. Das ist zum einen das auf Thomas Hobbes basierende Modell eines sozialisierten, normgebunden Akteurs, der im Einklang mit den Werten und Normen der Gesellschaft steht und zum anderen das auf Adam Smith zurückzuführende rationale Modell, in dem jeder Akteur ausschließlich zu seinem eigenen Vorteil handelt. Diese beiden Modelle benennt Granovetter als Grundmodelle aller folgenden, klassischen Akteurmodelle. Die jeweiligen Ansätze der Modelle wurden schon im vorigen Teil behandelt. Beispielhaft für das rationale Modell steht Weber (vgl. Kapitel 2.2.2).

Beide sowohl das normgebundene als auch das rationale Akteurmodell, sind atomistischer Art. Das bedeutet, dass sie im Sinne Colemans eine Erklärung auf der Mikroebene liefern (vgl. Kapitel 1.3.1).

An Modellen, die auf der Theorie von Hobbes basieren, kritisiert Granovetter, dass der Akteur als übersozialisiert dargestellt wird. Übersozialisiert deshalb, weil er nicht flexibel ist: Einmal internalisierte Normen können nicht mehr oder nur noch schwer verändert werden. Diese Theorien müssen sich immer dem Vorwurf des Determinismus stellen.

Demgegenüber können alle neoklassischen Akteurmodelle, welche die vollkommene rationale Handlungsfreiheit der Individuen annehmen, laut Granovetter, als untersozialisiert kritisiert werden. Bei diesem Modell treffen die Akteure ihre Entscheidungen losgelöst von jeglichem sozialem Kontext, nur auf den eigenen Vorteil bedacht.

> *„In the undersocialized account, atomization results from narrow utilitarian pursuit of selfinterest; in the oversocialized one, from the fact that behavioral patterns have been internalized and ongoing social relations thus have only peripheral effects on behavior." (Granovetter 1985: 485).*

Granovetter erstellt einen Gegenvorschlag zu den von ihm kritisierten unter- beziehungsweise übersozialisierten Handlungsmodellen. An einigen Beispielen kann er zeigen, dass es in den meisten Situationen nicht auf persönliche Erfahrungen und Kontakte ankommt. Normen und Vernunft treten erst dann in Kraft, wenn die Akteure nicht mehr auf Informationen aus ihrem persönlichen Netzwerk zurückgreifen können. Seine Hauptkategorie ist Vertrauen („trust"), welches sich in persönlichen Netzwerken generiert und den Akteuren Handlungssicherheit vermittelt. Das alles fasst er unter dem Begriff der *„embeddednes"* zusammen, was so viel bedeutet wie eingebettet sein in die umgebende Struktur.

> *„The embeddedness argument stresses instead the role of concrete personal relations and structures (or „networks") of such relations in generating trust and discouraging malfeasance." (Granovetter 1985: 490).*

Auch wenn Granovetters Ausführungen hier nur kurz angerissen wurden, zeigen sie doch Folgendes ganz deutlich: Die umgebende Struktur für eine Handlung, egal ob diese zweckrational oder normativ motiviert ist, sollte immer mit bedacht werden, da jede Handlung in eine Umgebung eingebettet ist. Denn weder die Strukturen noch das Individuum sind alleinig für das Handeln verantwortlich. Akteure stehen immer im Wechselverhältnis beider.

3.4 Zusammenfassung

Im vorangegangenen Kapitel über den Freundschaftsbegriff konnte gezeigt werden, dass Freundschaft als soziologische Kategorie unklar definiert ist. Um ein genaues Abbild von eben dieser zu erhalten wurden einige Theorieansätze miteinander verglichen. Die Ergebnisse haben gezeigt, dass Freundschaft eine bestimmte, emotionale Art der sozialen Beziehung ist und dass sie, wie jede Beziehung, von den sozialen Handlungen der Akteure abhängt. Aus diesem Grund wurden einige Handlungstheorien in diesem Kapitel genauer betrachtet.

Es konnte an Hand der Überlegungen von Coleman gezeigt werden, dass eine vollständige Handlungstheorie ein hinreichendes Erklärungspotenzial sowohl auf der Mikro- als auch auf der Makroebene enthalten muss. Eine Möglichkeit der Verbindung dieser beiden Ebenen stellt die Methode und die Theorie der sozialen Netzwerke dar. Dies wurde beispielhaft anhand der Handlungstheorien von Burt und Granovetter gezeigt. Burt zeigt wie eine Handlungstheorie zwischen Mikroals auch Makroebene vermitteln kann. Granovetter führt aus, warum bei der Betrachtung eines Akteurs immer auch sein jeweiliges Umfeld mit einbezogen werden muss.

Die Argumentationslinien zeigen, dass bei der Betrachtung von sozialen Beziehungen, sowohl individualistische, als auch strukturelle Betrachtungen angestellt werden müssen. Anderenfalls gehen einige wesentliche Bestandteile der Beziehung verloren. Für Freundschaft bedeutet das konkret, dass sie nicht losgelöst von ihrer Umgebung betrachtet werden kann.

4 Mechanismen der Freundschaftsentstehung

Nach der Darlegung des Freundschaftsbegriffs stellt sich die Frage: Wie entstehen Freundschaften? Die verschiedenen Erklärungsansätze zur Entstehung von sozialen Beziehungen lassen sich nach Wolf (1996) im Wesentlichen in vier verschiedene Theorietypen kategorisieren. Die erste Kategorie umfasst sozialpsychologische Ansätze. Die Freundschaftsformation wird dabei auf individuelle Merkmale der Persönlichkeiten zurückgeführt. Hierein fällt auch das Sprichwort aus dem Titel dieser Forschungsarbeit „Gleich und gleich gesellt sich gern". Davon zu unterscheiden ist der Typus der sozialstrukturellen Theorien. Diese Theorien setzen mit den Erklärungen zur Freundschaftsgenese bei den Gelegenheitsstrukturen an, die den Beginn einer Freundschaft begünstigen. Hier passt jedoch nicht etwa die sinnlogische Umkehrung des eben genannten Sprichworts „Gegensätze ziehen sich an",[5] sondern vielmehr: Freunde sind diejenigen, die zuerst da waren (vgl. Back/Schmukle/Egloff 2008: 439). Das dritte Modell verbindet die grundsätzlichen Überlegungen der sozialpsychologischen und der sozialstrukturellen Theorien. Bei den sogenannten integrierten Theorien greifen sowohl individuelle als auch strukturelle Mechanismen bei der Entstehung einer Freundschaft (vgl. Wolf 1996: 61ff.). Ein viertes Modell geht von einer reinen Zufallsverteilung aus: Hier kommt die Erklärung der Freundschaftsgenese ohne Theoriehintergrund aus. Abbildung 4 veranschaulicht die Theoriezuordnungen der Erklärungsansätze.

[5] Den Theoriehintergrund zu diesem Sprichwort liefert die Heterophiliethese, welche auch den sozialpsychologischen Theorien zuzuordnen ist. Die Darlegung dieses Konzepts folgt in Kapitel 4.3.6.

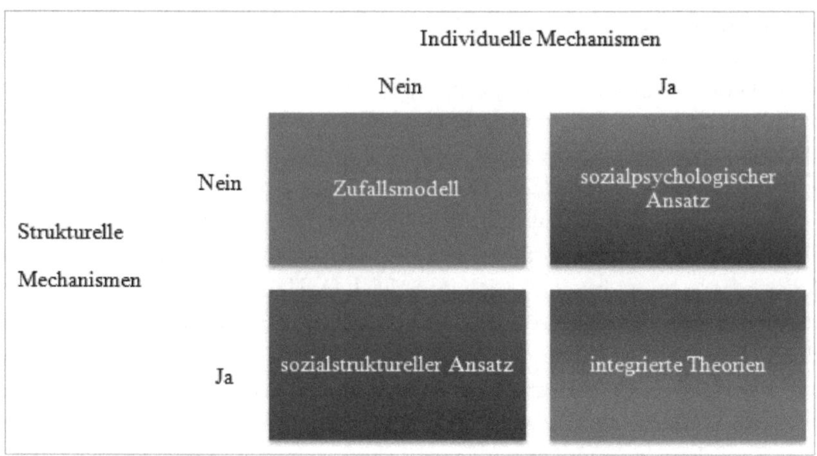

Abbildung 4: Modelle der Freundschaftsgenese nach Wolf (vgl. Wolf 1996: 63)

Für unsere Studie sehen wir es, aus Gründen der Vollständigkeit, als notwendig an sowohl sozialpsychologische als auch sozialstrukturelle Aspekte der Freundschaftsbildung im Forschungsdesign zu berücksichtigen. Dazu wird ein Modell betrachtet, welches ursprünglich aus dem Bereich der sozialpsychologischen Theorien stammt: Das *Homophiliemodell*.

> *„Homophilie bezeichnet den Umstand, dass Interaktionen meistens zwischen Personen stattfinden die sich in Bezug auf ihre demographischen Eigenschaften sehr ähnlich sind." (Armbruster 2005: 51)*

Homophilie besagt also, dass Freundschaft tendenziell häufiger zwischen Personen entsteht, die sich ähnlich sind. Zusätzlich werden in der modernen Sichtweise auch sozial strukturelle Komponenten der Freundschaftsgenese in die Betrachtung mit einbezogen. Somit werden im Homophiliemodell sowohl sozialpsychologische als auch sozialstrukturelle Theorieansätze vereint. Unsere Studie bewegt sich also im Spannungsfeld der integrierten Theorien.
Terminologisch lässt sich der Begriff Homophilie[6] als „Gleiches liebend" übersetzen. Der Begriff bleibt sowohl in deutsch- als auch in englischsprachigen Lexika (homophily), unerwähnt. Aus diesem Grund folgt in diesem Kapitel eine Definition, die sich auf die zum Thema durchgeführten Studien beruft.

---

6 „Homophilie" kann je nach Kontext mehrere Bedeutungen haben. Außerhalb der Soziologie findet dieser Begriff in der Zellbiologie ebenso Verwendung wie in der Psychologie (dort gilt Homophilie als ein Synonym für Homosexualität). In dieser Studie wird der Begriff Homophilie immer und ausschließlich im sozialen Zusammenhang genutzt.

Zuerst soll das Homphiliemodell grundsätzlich dargelegt und die Hauptbestandteile beschrieben werden. Es zeigt sich, dass das Verständnis von Homophilie in der wissenschaftlichen Betrachtung einer Entwicklung unterlag. Diese Entwicklung soll nachvollzogen werden. Hierzu wird der Ursprung der Homophilie, also die erste Homophiliestudie (Lazarsfeld/Merton 1964), erläutert und anschließend der Wandel vom ursprünglichen Begriff hin zum heutigen Verständnis nachvollzogen. Nach dieser ausführlichen Erläuterung des Theoriekonzepts, folgt die empirische Begründung eben dieses. Es erfolgt eine methodische Annäherung und eine Ausdifferenzierung des Homophilieeffektes nach dessen Stärke. Dabei wird unterschieden nach *baseline* und *inbreeding homophily*. In Abgrenzung des Homophiliekonzepts wird das Heterophilie-Konzept vorgestellt. Im Anschluss werden einzelne Komponenten des Homophiliemodells, die sogenannten Homophiliemerkmale, betrachtet. Hierbei werden sowohl individuelle als auch sozialstrukturelle Merkmale angeführt. Abschließend wird die bestehende Kritik am Homophiliemodell aufgegriffen und unser Umgang damit dargelegt.

4.1 Das Homophiliemodell

Das Homophilieprinzip unterstellt einen Zusammenhang zwischen Freundschaftsstrukturen und persönlichen Eigenschaften. Von diesem Standpunkt aus liefert es ein Modell zur Erklärung von Freundschaftsmustern. Eine Formulierung hierfür findet sich bei McPherson, Smith-Lovin und Cook: „Similarity breeds connection" (McPherson et al. 2001: 415), über Gleichheit entstehen Verbindungen beziehungsweise soziale Beziehungen. Diese Verbindungen wiederum führen zu Freundschaft. Diese Homophilietheorie gründet auf empirischen Beobachtungen. Sie liefert die Erklärung dafür, warum mehr Beziehungen unter ähnlichen Personen bestehen, als unter unähnlichen. Diese Ähnlichkeit der Akteure wird anhand der persönlichen Eigenschaften oder dem sozialstrukturellen Umfeld festgemacht. Typische Merkmale für diese Ähnlichkeit sind zum Beispiel ethnische Zugehörigkeit, Werteinstellungen, Geschlecht, Alter, Wohnort oder die Mitgliedschaft im gleichen Verein.

Damit besteht das Homophiliemodell aus drei Teilen: Dem theoretischen Hintergrund, der empirischen Methode und den beobachteten Homophiliemerkmalen. Die einzelnen Bestandteile und deren Beziehung zueinander sind in Abbildung 5 zu sehen.

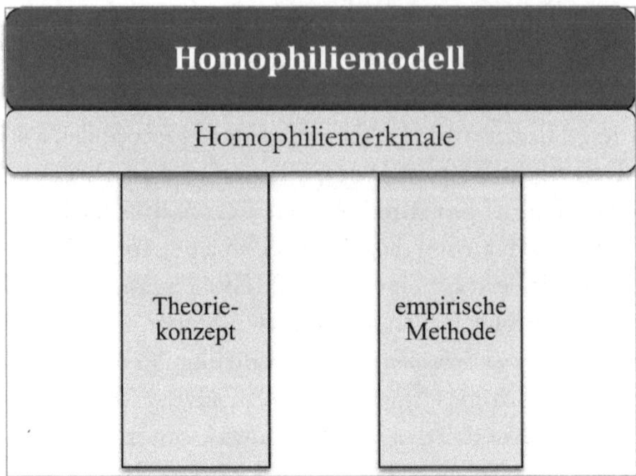

Abbildung 5: Das Homophiliemodell (eigene Darstellung)

Das Theoriekonzept der Homophilie und die dazugehörige empirische Methode stellen die beiden tragenden Säulen des Modells dar. Durch verschiedene Studien besteht außerdem ein Austausch zwischen diesen beiden grundlegenden Bereichen: Neue Hypothesen werden ins Feld geführt und neue Forschungsergebnisse beeinflussen wiederum das Homophiliekonzept. Das Modell lässt sich an mehreren Komponenten den sogenannten Homophiliemerkmalen festmachen. Diese resultieren aus der Synthese der theoretischen Überlegungen und der empirischen Methode.

4.2 Das Theoriekonzept des Homophiliemodells

Die erste Säule des Homophiliemodells stellt der Theoriehintergrund dar. Wie einleitend angedeutet wurde, hat sich die inhaltliche Bedeutung des Homophiliebegriffs im Zuge der Weiterentwicklung des Homophiliemodells geformt. Um diese Entwicklung nachzuvollziehen, wird zuerst die Studie von Lazarsfeld und Merton (1964) betrachtet. Diese stellt den Ursprung des Homophiliekonzepts dar. Daraus wird abgeleitet, wie der Begriff der Homophilie ursprünglich geprägt war. Anschließend wird gezeigt, wie der Homophiliebegriff im Kontext der neueren Forschung genutzt wird. Dazu wird Bezug genommen auf eine wissenschaftliche Zusammenfassung einer ganzen Reihe von Ergebnissen aus Feldforschungen zum Homophilieprinzip von McPherson, Smith-Lovin und Cook (2001).[7]

---

7 Ziel ist es nicht, die beiden Texte im Vergleich zu sehen. Das ist schon allein deshalb nicht sinnvoll, weil Lazarsfeld/Merton eine eigene empirische Studie durchgeführt haben und

4.2.1 Der Ursprung bei Lazarsfeld und Merton

Zu den ersten soziologischen Arbeiten die sich mit der Freundschaftsgenese beschäftigen zählt ein Beitrag von Lazarsfeld und Merton (1964): „Friendship as social process: A substantive and methodological analysis". Dieser Text gilt als Begründung des Homophiliekonzepts. Hier wird erstmals der Begriff „homophily" eingeführt. In ihrer 1954 durchgeführten Studie beschreiben Lazarsfeld und Merton ein Phänomen bei der Freundschaftsformation, für das es in der englischen Sprache keine treffende Bezeichnung gab. Sie fassen ihre Beobachtung „a tendency for friendship to form between those who are alike in some designated respect" (Lazarsfeld/Merton 1964: 23) mit einem Wort zusammen: *homophily*.

4.2.1.1 Die Studie von Lazarsfeld und Merton

Die Bewohner zweier verschiedener Orte in den USA wurden dazu aufgefordert ihre drei engsten Freunde zu nennen, unabhängig davon ob diese zu den Einwohnern desselben Ortes zählten oder nicht. Die beiden Erhebungsorte unterschieden sich vor allem in ihrer Bevölkerungsstruktur. In Craftown lebten hauptsächlich weiße Amerikaner wohingegen Hilltown ein ethnisch gemischtes Wohngebiet darstellte, in dem Afro-Amerikaner und Weiße zusammen lebten.

Die Studie besteht methodisch aus zwei Komponenten. Nach der Erhebung der Freundschaftsdyaden folgte in einem zweiten Schritt die Ermittlung der persönlichen Wertvorstellungen der Testpersonen. Hierzu wurden diese nach ihrer Einstellung bezüglich dem Zusammenwohnen von schwarzen und weißen Amerikanern befragt. Die Leitfrage, der Lazarsfeld und Merton in ihrer Studie nachgehen, ist: „When it comes to friendship, do birds of a feather actually flock together?" (Lazarsfeld/Merton 1964: 22). Die Übersetzung dieses Sprichworts entspricht im Grunde der Titelfragestellung dieser Forschungsarbeit: „Gleich und gleich gesellt sich gern?".

Die Suche nach Mustern in den Formationen enger Freundschaften lieferte folgende Erkenntnis: Bei den Freundespaaren ist erkennbar, dass ihre Einstellungen gegenüber ethnisch gemischten Wohngebieten übereinstimmen. Sie sind sich in überzufällig großer Anzahl einig darüber, ob Schwarze und Weiße gemeinsam wohnen sollten oder nicht. Lazarsfeld und Merton gaben dieser Beobachtung einen Namen: *(value-)homophily*. Ausgehend von dieser empirischen Erkenntnis entwickelten sie das Homophiliemodell (Lazarsfeld/Merton 1964).

McPherson et al. im Gegensatz dazu eine theoretische Zusammenfassung vieler verschiedener Studien gibt. Vielmehr soll an den beiden Werken die Entwicklung und die Bedeutung des Begriffs „Homophilie" nachvollzogen werden.

Als Anmerkung sei an dieser Stelle ins Gedächtnis gerufen, dass diese Studie im Jahr 1964 durchgeführt wurde. Bedenkt man, dass zu dieser Zeit in den USA noch der „separate but equal" („getrennt aber gleich")-Grundsatz galt, der Einrichtungen oder Dienstleistungen zwar für alle Amerikaner zur Verfügung stellte, deren Nutzung aber strikt nach Hautfarbe trennte, so wird deutlich, dass die Frage nach ethnisch gemischten Wohngebieten eine sehr polarisierende war.
Ausgangspunkt der Studie ist die Annahme, dass sich Personen per Zufall treffen. Ob aus diesem ersten Zusammentreffen im weiteren Verlauf eine Freundschaft entsteht, hängt davon ab, wie ähnlich sich die Akteure sind und ob diese Ähnlichkeit bemerkt wird. Die Kernhypothese unterstellt also einen Zusammenhang zwischen Homophilie und Freundschaft. Lazarsfeld und Merton veranschaulichen diese Hypothese, indem sie in einer *substantive analysis* alle erdenklichen Szenarien durchspielen, welchen Einfluss das erste Zusammentreffen und eine ähnliche Wertvorstellungen auf die weitere Interaktion haben (Lazarsfeld/Merton 1964: 29ff.). Sämtliche Fallbeispiele lassen sich verkürzt wie folgt zusammenfassen (vgl. Wolf 1996: 64ff.).

4.2.1.1.1 Substantive analysis: Personen mit ähnlichen Werten

Im ersten Szenario treffen zwei Menschen mit denselben Werten aufeinander. Nun handelt es sich bei persönlichen Werteinstellungen um eine Eigenschaft, die man seinem Gegenüber nicht ansieht. Je nach Zeitpunkt, wann die vorhandene Wertehomogenität festgestellt wird, hat dies Einfluss auf die Beziehung. (1A) In der Anfangsphase einer Begegnung motiviert das Bemerken von ähnlichen Werten die Personen zu weiterem Kontakt. (1B) Werden die gleichen Werte in dieser ersten Phase nicht festgestellt, kann es zwar zum Kontaktabbruch kommen, dieser beruht dann allerdings nicht auf der Wertedivergenz der Akteure. (1C) In einer zeitlich späteren Phase führt das Feststellen von gleichen Werten zu einer Festigung der bereits gebildeten Freundschaft.

4.2.1.1.2 Substantive analysis: Personen mit verschiedenen Werten

Im zweiten Beispiel treffen zwei Personen aufeinander, die sich in ihren Werteinstellungen unterscheiden. Auch hier kann es zu verschiedenen Verläufen kommen. (2A) In der Anfangsphase führt das beidseitige Entdecken verschiedener Werte und Einstellungen zum Kontaktabbruch. Ist die Entdeckung einseitig, dass heißt nur einer von beiden bemerkt die verschiedenen Werteinstellungen, wird dieser Akteur als Folge dessen versuchen, weiteren Kontakt zu vermeiden. Das Bemerken der Wertedivergenz zu einem späteren Zeitpunkt, also im Verlauf einer

Freundschaft, stellt die Freunde vor die Wahl: Werte oder Freundschaft. Sie müssen sich entscheiden, (2B) ob sie ihre Werte denen des Freundes angleichen und somit die Heterophilie reduzieren, oder (2C) ob sie ihren Werten treu bleiben und in Zukunft auf die Freundschaft verzichten. Doch auch wenn keine Werteanpassung stattfindet ist die Beziehung nicht per se zum Scheitern verurteilt. (2D) Oft wird das betreffende Thema vermieden, oder man einigt sich darauf, dass man sich in manchem uneinig ist.
Die dargelegten Verläufe sind in Abbildung 6 und in Abbildung 7 dargestellt. Der Verlauf der Interaktionswahrscheinlichkeit lässt sich als Funktion der Homophilie ableiten. Außerdem lässt sich ein Zusammenhang herstellen zwischen dem Grad der Homophilie und der Freundschaftsdauer.

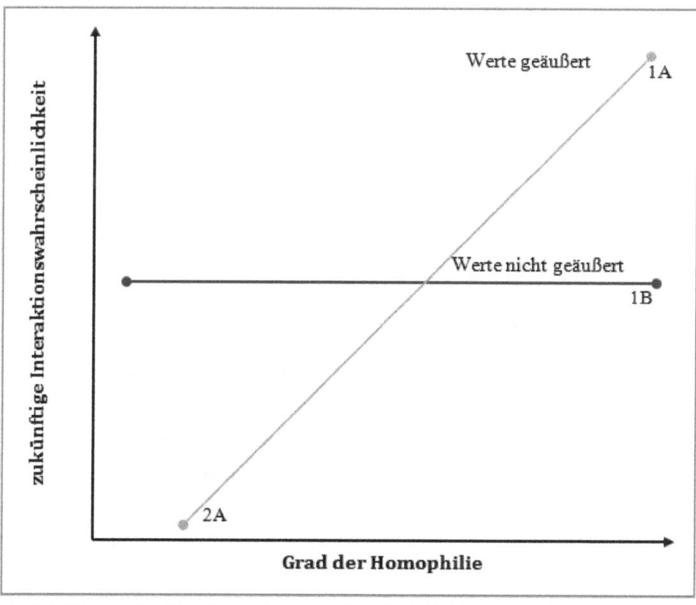

Abbildung 6: Die Interaktionswahrscheinlichkeit als Funktion der Homophilie (Wolf 1996: 67)

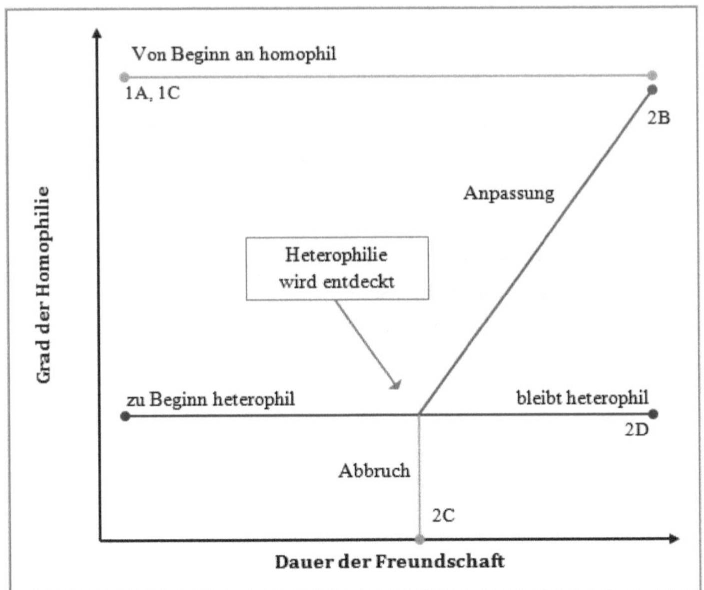

Abbildung 7: Der Grad der Homophilie als Funktion der Freundschaftsdauer (eigene Ergänzung auf Basis von Wolf 1996: 67)

4.2.1.2 Der Homophiliebegriff bei Lazarsfeld und Merton

Lazarsfeld und Merton differenzieren grundsätzlich zwischen zwei Typen von Homophilie: *status-homophily* und *value-homophily* (vgl. Lazarsfeld/Merton 1964: 24). Im Mittelpunkt der Betrachtung steht kein umfassendes Netzwerk von gesammelten sozialen Beziehungen sondern eine individuelle Zweierbeziehung. Schon in der Definition von Homophilie wird klar, dass diese aus der Perspektive der Mikroebene stattfindet und strukturelle Komponenten nicht betrachtet werden. Tendenziell bilden sich Freundschaften unter denjenigen, die sich ähneln. Die Definition findet über soziale Beziehungen – über Freundschaften – statt.

> *„(...) a tendency for friendship to form between those who are alike in some designated respect." (Lazarsfeld/Merton 1964: 23)*

Freundschaft wird als ein Prozess betrachtet, hierbei wird die Zeitdimension mit einbezogen. Diese ermöglicht es, die soziale Beziehung einschließlich ihrer Dynamik zu fassen. Dadurch ist der Erkenntnisgewinn weitaus höher, als bei einer Momentaufnahme einer Freundschaft: Bewegungen sind sichtbar und Entwicklungen in der sozialen Beziehung lassen sich erkennen und auswerten. Der Akteur entscheidet sich somit bewusst für oder gegen den Beginn beziehungsweise die Fortführung einer Freundschaft. Somit kann das Homophiliekonzept von Lazarsfeld und Merton dem methodischen Individualismus zugeordnet werden.

4.2.2 Der neuere Forschungsstand nach McPherson, Smith-Lovin und Cook

Der Beitrag der amerikanischen Soziologen McPherson, Smith-Lovin und Cook (2001) ist eine wissenschaftliche Zusammenfassung zum Thema Homophilie. Er ist ein Standardwerk, welches viele, seit der Ursprungsstudie von Lazarsfeld und Merton, durchgeführten Studien beschreibt und sortiert. Er ist ein oft zitierter, grundlegender Beitrag, der einen Überblick über den neueren Forschungsstand gibt.

Im Beitrag von McPherson, Smith-Lovin und Cook wird nicht länger in value- und status-homophily geteilt, wie noch bei Lazarsfeld und Merton (1964). Ihre Unterscheidung ist differenzierter. Sie benennen „the wide range of dimensions on which similarity induces homophily" (McPherson et al. 2001: 416). Hier taucht eine Sortierung nach diversen Homophiliemerkmalen auf, wie ethnische Herkunft, Geschlecht, Alter, Religion, Bildung, soziale Schicht, Einstellungen oder Wohnort, um einige Beispiele zu nennen.[8] Es ändert sich folglich etwas an der Betrachtung der Akteure. Die Individuen werden expliziter hinsichtlich ihrer Persönlichkeitsmerkmale unterschieden. Werte und Statushomophilie werden differenzierter betrachtet, um weitere individuelle Akteursmerkmale ergänzt und zusätzlich werden auch sozialstrukturelle Merkmale in die Betrachtung mit einbezogen (z.B. Wohnort). Der Homophiliebegriff wird in sich mehrdimensional. Dieser Fortschritt kann als eine Erweiterung des Konzepts von Lazarsfeld und Merton angesehen werden. Sie entspricht ebenfalls der Differenzierung nach Persönlichkeitsmerkmalen, wie sie anhand von Simmel gezeigt wurde (vgl. Kapitel 2.2.1).

Neben der Akteursbetrachtung ändert sich auch die Analysenebene.[9] McPherson, Smith-Lovin und Cook untersuchen nicht länger einzelne Dyaden, sondern Kollektive, die gesammelt ein Netzwerk darstellen.

> *„Homophily is the principle that a contact between similar people occurs at a higher rate than among dissimilar people."* (ebd.: 416)

---

8 Auf die Merkmalsausprägung im Einzelnen wird in Kapitel 4.4 eingegangen.

9 Zur Erklärung der verschiedenen Analyseebenen s. Kapitel 1.4.2.

Homophilie nach McPherson, Smith-Lovin und Cook erklärt eine bestimmte Ordnung in einer Struktur aus sozialen Beziehungen. Sie liefern die Erklärung dafür, warum sich soziale Beziehungen nach einem gewissen Muster formieren oder eben nicht. Neben dem positiven Zusammenhang von Akteursähnlichkeit und Freundschaft, führen sie zudem den Zusammenhang von Akteursverschiedenheit und dem Zerbrechen von Beziehungen an. „[...] the patterns of dissolution mimic those of tie formation, but perhaps in a somewhat weaker manner." (ebd.: 436). Soziale Beziehungen werden hierbei in ihrer Gesamtheit betrachtet. Der Fokus liegt auf allen Beziehungen, gesammelt in einem sozialen Raum. Der Blick wandert von der Mikroebene der Dyaden auf die Makroebene des sozialen Netzwerkes. Somit ist Homophilie bei McPherson, Smith-Lovin und Cook als ein strukturelles Ordnungsmerkmal anzusehen, welches Kollektive betrachtet und nicht individuelle Prozesse.

4.2.3 Der Homophiliebegriff im Wandel

Mit der Entwicklung des Verständnisses geht eine Entwicklung des gesamten Homophiliemodells und somit auch des Theoriekonzepts einher: Von der ursprünglich individualistischen „value-homophily" (Lazarsfeld/Merton 1964) hin zu einer integrierten Theorie von sozialstrukturellen und individuellen Prozessen durch die (Mit-) Betrachtung von sozialstrukturellen Aspekten. So sagt auch Jackson (2008):

> *„There is an important distinction between different forms of homophily. One is due solely to opportunity, while the other is due to choice." (Jackson 2008: 68)*

Betrachtet man das Modell Wolfs zur Einordnung der Freundschaftstheorien, so war das Homophiliekonzept nach dem Verständnis von Lazarsfeld und Merton sicherlich noch den sozialpsychologischen Ansätzen zuzuordnen. Das erweiterte Verständnis von Homophilie verschiebt den Begriff zumindest in die Richtung der integrierten Theorien (vgl. Abbildung 8).

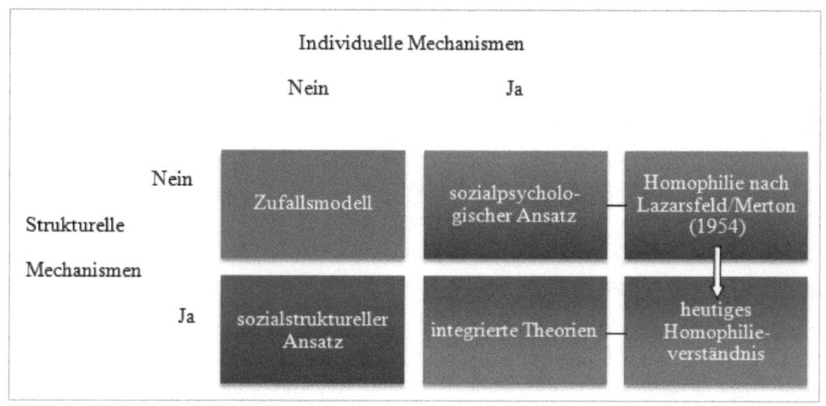

Abbildung 8: Der Homophiliebegriff im Wandel (eigene Erweiterung auf Basis von Wolf 1996: 63)

4.3 Die empirische Methode des Homophiliemodells

Das Homophiliemodell liefert die Erklärung für das Phänomen, dass in überzufällig großem Maße Freundschaften unter Individuen auftreten, die sich hinsichtlich ihrer Persönlichkeitsstruktur ähneln. In den Ergebnissen verschiedener Studien lässt sich eine Tendenz erkennen, nach der Menschen mit ähnlicher Persönlichkeitsstruktur eher befreundet sind beziehungsweise befreundet bleiben, als solche die kaum Gemeinsamkeiten haben. Exemplarisch wurde bereits in Kapitel 4.2.1.1 die erste Studie von Lazarsfeld und Merton nachskizziert. Die methodische Erfassung der Homophilie, die zweite Säule des Modells, wird im Folgenden aufgezeigt (vgl. Abbildung 5).

Eine mathematische Annäherung an das Konzept der Homophilie findet sich bei Currarini, Jackson und Pin (2009: 5f.). Die von ihnen verwendeten Formeln gehen auf Coleman (1959) zurück. Im Mittelpunkt der Betrachtung steht die Methodik zur Ermittlung von Homophilie als ein ordnungsgenerierendes Merkmal in Freundschaftsnetzwerken. Hierzu wird der Einfluss der verschiedenen Homophiliemerkmale auf die Freundschaftstruktur gemessen. Dies erfolgt über zwei Kennwerte: Den Verteilungsindex, der die Personenverteilung innerhalb einer Gruppe betrachtet, sowie den Homophilieindex, welcher die Formation der Beziehungen innerhalb eines Kollektivs ermittelt. Setzt man diese beiden Maßzahlen ins Verhältnis zueinander, stellt man also eine Verbindung zwischen den Akteuren und deren Beziehungen her, kann der Grad der Homophilie bestimmt werden. Mithilfe dieses „Homophilie-Tests“ ist es dann möglich, den Homophiliebegriff in *inbreeding* und *baseline* Homophilie auszudifferenzieren. Die Begriffe werden in den kommenden Teilen genauer erklärt.

4.3.1 Der Verteilungsindex

Mithilfe des Verteilungsindizes (w_i) wird die Homogenität der Gruppe im Hinblick auf die Persönlichkeitsstruktur ihrer Akteure geprüft. Er gibt merkmalspezifisch den Anteil, der sich ähnlichen Akteure in der Gesamtmenge aller existierenden Akteure an. Oder wie Coleman sagt: „[...] the chance probability of choosing a member of one's own subgroup." (Coleman 1959: 35).
Im Mittelpunkt der Betrachtung stehen also die einzelnen Gruppenmitglieder des Netzwerkes. Diese werden hinsichtlich ihrer Eigenschaften in zwei Personentypen klassifiziert. In ihrer Persönlichkeitsstruktur ähnliche Individuen formieren das Kollektiv des *Typs* i (N_i). Sie bilden eine homogene Gruppe. Unter *Typ* k werden alle Akteure gefasst, die Typ i unähnlich sind. Zur Berechnung von w_i wird mit der Formel nach Coleman (vgl. Coleman 1959: 35, s.a. Currarini/Jackson/Pin 2009: 5) der relative Anteil von Personen des Typs i in der Gesamtmenge (N) ermittelt.

Formel 1: Verteilungsindex

$$w_i = \frac{N_i}{N}$$

Ein Beispiel zur Veranschaulichung findet sich in Abbildung 9. Das betrachtete Homophiliemerkmal sei hier das Geschlecht mit zwei Ausprägungen: Frauen und Männer. In einem Netzwerk von 10 Personen befinden sich 6 Frauen (Dreieck) und 4 Männer (Quadrat).

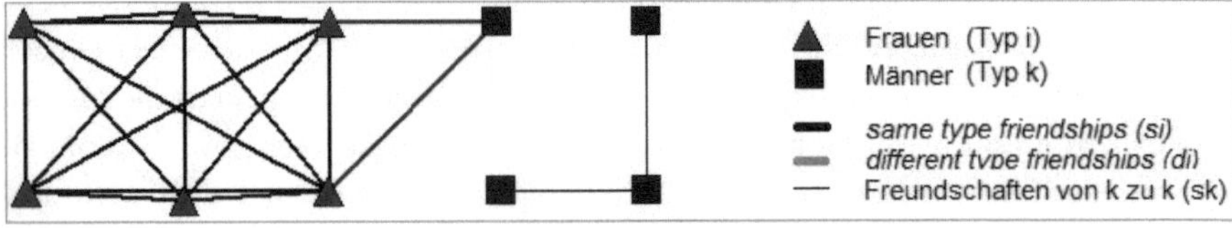

Abbildung 9: Ein Beispielnetzwerk zur Veranschaulichung der Hompohiliekennzahlen (eigene Darstellung)

Zur Ermittlung des Verteilungsindex der Frauen werden diese als Typ i zusammengefasst. Alle Männer werden gesammelt unter Typ k gefasst.

$$w_i = \frac{N_i}{N} = \frac{6}{10} = 0{,}60$$

Mithilfe der Formel wird der relative Anteil der Frauen im Gesamtnetzwerk ermittelt: 60%. Auf dieselbe Art und Weise ließe sich auch der Verteilungsindex der Merkmalsausprägung Männer berechnen.

4.3.2 Der Homophilieindex

Der Homophilieindex (H_i) betrachtet die Muster der Freundschaftsbeziehungen einer Merkmalsausprägung innerhalb einer Gruppe. Dabei kann er für eine gesamte Gruppe oder für einen einzelnen Akteur berechnet werden. Die Freundschaftsdyaden von sich ähnlichen Individuen (Typ i) werden zu der Gesamtmenge aller Beziehungen, die von diesen Akteuren ausgehen in Relation gesetzt.
Die methodische Vorgehensweise ist Folgende: Nach der Formel 2 von Currarini, Jackson und Pin wird die Gesamtmenge der Freundschaftsbeziehungen von Typ i in *same type friendships* (s_i) und *different type friendships* (d_i) geteilt. *Same type friendships* bestehen ausschließlich zwischen Personen des Typs i, und *different type friendships* bestehen zwischen denen des Typs i und des Typs k (vgl. Currarini/Jackson/Pin 2009: 6; Coleman 1959: 35ff.).

Formel 2: Homophilieindex

$$\mathrm{H_i} = \frac{s_i}{s_i + d_i}$$

Der Wert des Ergebnisses liegt zwischen 0 und 1. Der Wert 0 bedeutet, dass ausschließlich Freundschaften zu Typ k-Individuen bestehen. Bei einem Wert von 1 werden nur Mitglieder des eigenen Kollektivs als Freunde gewählt.
Zur Veranschaulichung erfolgt ein Rückgriff auf das vorangegangene Beispiel (Abbildung 9). Zur Ermittlung des Homophilieindex wird die Geschlechts-Homophilie der Frauen in den Mittelpunkt der Betrachtung gestellt. Das Kollektiv der Frauen wird somit als Typ i deklariert. Alle Männer werden gesammelt unter Typ k gefasst. Alle Frauen sind untereinander befreundet: Es gibt also s_i=15 same type friendships. Zusätzlich haben zwei Frauen jeweils einen männlichen Freund. Die Zahl der different type friendships beträgt somit d_i=2. Die intergeschlechtlichen Freundschaftsbeziehungen von k zu k sind bei dieser Betrachtung nicht von Interesse.

$$\mathrm{H_i} = \frac{s_i}{s_i + d_i} = \frac{15}{15 + 2} = 0{,}88$$

Mithilfe der Homophilieindex-Formel lässt sich ermitteln, dass 88% aller Freundschaften der Frauen zum selben Geschlecht bestehen. Nach derselben Formel ließe sich außerdem der Homophilieindex der Merkmalsausprägung Männer, der Homophilieindex der gesamten Merkmalsgruppe Geschlecht oder der Homophilieindex für jeden einzelnen Akteur berechnen.

4.3.3 Der Homophilie-Test

Setzt man die beiden im Vorfeld erläuterten Maßzahlen Homophilieindex und Verteilungsindex ins Verhältnis zueinander, lässt sich nach Currarini, Jackson und Pin ein Homophilie-Test durchführen (vgl. Currarini/Jackson/Pin2009: 6). Es findet also ein Vergleich zwischen dem relativen Anteil von same type friendships und dem relativen Anteil von same type persons statt. Inhaltlich trifft das Ergebnis eine Aussage über die Verteilung von Freundschaftsbeziehungen unter den verschiedenen Personentypen einer Gruppe.

In der Literatur findet sich bei einigen Autoren innerhalb des Homophiliebegriffs eine Differenzierung nach baseline und nach inbreeding Homophilie (z.B. McPherson et al. 2001). Baseline Homophilie ist die voraussichtliche Zufallsverteilung, während inbreeding Homophilie den Betrag darstellt, der über diesen erwarteten Messwert hinausgeht.

> *„Most research distinguishes between baseline homophily (that is, the level of homophily we would expect simply on the basis oft the proportion of groups in the population) and inbreeding homophily (the bias that leads similar people to associate more often than they would expected to, given their realtive numbers in the oppotunity pool)." (Bottero 2005: 174)*

Am anschaulichsten lässt sich diese Unterscheidung anhand ihres mathematischen Ausdrucks erklären. Das Ergebnis des Homophilie-Tests zeigt, ob es sich um ein Phänomen der baseline oder der inbreeding Homophilie handelt. Im Zuge dessen wird es dann möglich sein, die Begrifflichkeiten inbreeding und baseline Homophilie präzise zu erklären. Durch die Abgrenzung von einem bestimmten Typen, das heißt einer bestimmten Merkmalsausprägung, zum „Rest" erfolgt die Betrachtung immer merkmalausprägungsspezifisch.

Mathematisch kann das Ergebnis drei Formen annehmen. Die Werte der Indizes können dieselbe Größe haben ($H_i = w_i$), der Wert des Homophilieindex kann kleiner ($H_i < w_i$) oder größer ($H_i > w_i$) als der Wert des Verteilungsindex sein. Im Folgenden werden alle drei Fälle explizit beschrieben. Erst wird die mathematische Bedeutung dargelegt. Im Anschluss wird auf die inhaltliche Schlussfolgerung eingegangen. Hierbei werden die verschiedenen Begriffe im Vergleich gesehen und die inhaltlichen Konsequenzen werden daraus gezogen.

4.3.4 Die baseline Homophilie

Ist der relative Anteil von same type friendships gleich groß wie der relative Anteil von same type persons, dann wird von einer baseline Homophilie gesprochen. Prozentual gesehen gibt es also gleich viele Freundschaften unter sich ähnlichen Individuen, wie es sich ähnliche Individuen gibt.

Formel 3: Baseline Homophilie

$$H_i = w_i$$

An dieser Stelle ist anzumerken, dass der beschriebene Fall ein stereotypischer ist. In der Praxis werden sich der Homophilieindex und der Verteilungsindex nicht immer eindeutig entsprechen. Das Ergebnis müsste für den Praxistest in $H_i \cong w_i$ umformuliert werden, also in „Der Homophilieindex entspricht in etwa dem Verteilungsindex".

4.3.5 Die inbreeding Homophilie

Übersteigt der relative Anteil der Freundschaftsbeziehungen zwischen sich ähnlichen den relativen Anteil ähnlicher Personen, dann handelt es sich um inbreeding Homophilie. Anteilig bestehen im Netzwerk mehr same type friendships als Personen desselben Typs im Netzwerk sind.

Formel 4: Inbreeding Homophilie

$$H_i > w_i$$

Ein Muster der inbreeding Homophilie ist im vorangegangenen Beispielnetzwerk zu sehen. Der Homophiliewert der Frauen (H_i=0,88) ist größer als der Verteilungswert (w_i=0,60).

4.3.6 Die Heterophilie

Ist der relative Anteil der Freundschaftsbeziehungen zwischen sich ähnlichen Akteuren niedriger als der relative Anteil ähnlicher Akteure, dann handelt es sich um

Heterophilie.[10] In diesem Fall besteht der Großteil der Freundschaften zwischen untereinander unähnlichen Personen.

Formel 5: Heterophilie

$$H_i < w_i$$

Wir stehen dieser Aussage eher kritisch gegenüber. Der Homophilie-Test bezieht sich immer lediglich auf eine Merkmalsausprägung. Zeigt dieser das oben genannte Ergebnis, ist nicht zwangsläufig von einer heterophilen Merkmalsordnung zu sprechen. Bei einem mehrdimensionalen Verständnis von Homophilie mit mehreren Merkmalsausprägungen innerhalb einer Gruppe ziehen wir es vor, an dieser Stelle von „Nicht-Homophilie" zu sprechen.

Das Fernbleiben von Homophilie bedeutet im Umkehrschluss nicht den Beweis für eine Heterophilie. Für dieses Fernbleiben lassen sich mehrere Gründe anführen, auf die in Kapitel 4.3.9.1 näher eingegangen wird.

4.3.7 Inhaltliche Schlussfolgerungen

Die Begriffe baseline Homophilie und inbreeding Homophilie treffen also explizite Aussagen über die Beziehungsmuster der Freundschaften innerhalb eines Merkmals, sowie über die Akteurs-Zusammensetzung des Merkmals selbst. Das Muster der inbreeding Homophilie ist dabei die Steigerung der baseline Homophilie auf der Homophilieskala. Der strukturierende Effekt ist noch ausgeprägter. Das heißt, von allen möglichen same type friendships werden über den Wert der baseline Homophilie hinaus noch mehr realisiert. So konstatierten auch McPherson, Smith-Lovin und Cook (2001) inbreeding Homophilie bereits als „homophily measured as explicitly over and above the opportunity set" (McPherson et al 2004.: 419).

10 Das Theoriekonstrukt der Heterophilie wird im Anschluss an dieses Kapitel vorgestellt. An dieser Stelle sind zunächst nur der mathematische Ausdruck und dessen inhaltliche Bedeutung relevant.

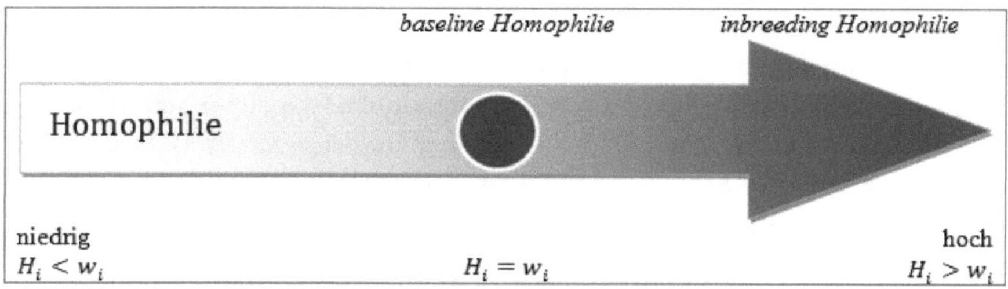

Abbildung 10: Der Grad der Homophilie (eigene Darstellung)

Homophilie hat folglich keine binären Ausprägungen. Das Ergebnis des Homophilie-Tests unterscheidet nicht bloß zwischen Homophilie und Nicht-Homophilie. Vielmehr ist der Ergebniswert auf einer Skala zu betrachten (Abbildung 10). Mithilfe der Formeln lässt sich gruppenspezifisch der jeweilige Grad der Homophilie feststellen. Der Homophiliebegriff wird in sich noch einmal abgestuft in inbreeding und in baseline Homophilie. Somit wird Homophilie metrisch in ihrer Stärke messbar. Die Skala gibt also die Tendenz an mit der Freundschaften zwischen sich je ähnlichen Personen geschlossen werden (Lazarsfeld/Merton 1964: 23).

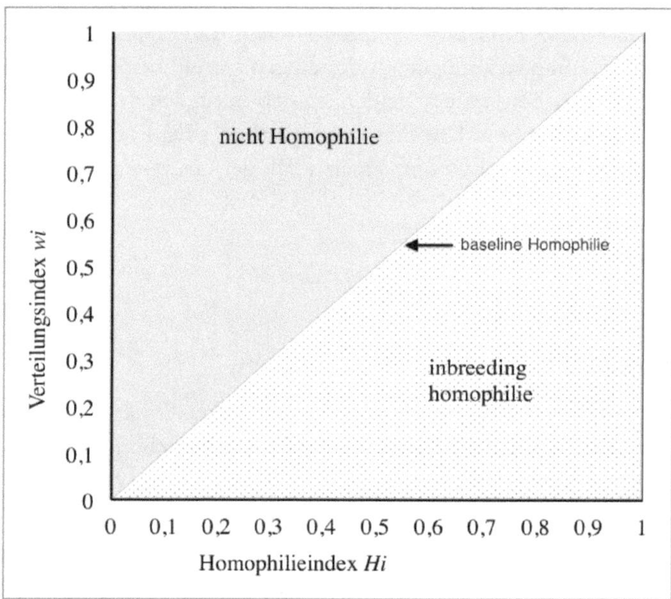

Abbildung 11: Das Verhältnis des Homophilieindex und Verteilungsindex (eigene Darstellung)

Das komplette Verhältnis des Homophilieindex und Verteilungsindex lässt sich in einem Diagramm veranschaulichen (Abbildung 11). Die Winkelhalbierende im Diagramm zeigt den Verlauf der baseline Homophilie. An dieser Stelle sind Homophilieindex und Verteilungsindex prozentual immer gleich groß. Die baseline Homophilie stellt die Schwelle am Übergang von Nicht-Homophilie zu Homophilie dar. Sie spiegelt das erste Freundschaftsmuster wider, das sich als homophil bezeichnen lässt.
„Baseline patterns strongly shape networks by influencing the opportunity structure for contacts [...]“ (McPherson et al. 2001: 429). Das Muster der baseline Homophilie hat einen starken Effekt auf die Zufallsverteilung der Kontakte. Der gesamte Bereich oberhalb der baseline-Funktion steht für die Nicht-Homophilie. Bewegt sich das Ergebnis im Bereich unterhalb dieser Diagonalen ist das Ergebnis im homophilen Bereich.

4.3.8 Die normalisierte Homophilie

Bei wechselnden Gruppengrößen besteht ein Problem, die Ergebnisse untereinander zu vergleichen. Dieses Problem soll an folgendem Beispiel aufgezeigt werden: In einem Kollektiv, dass 95% aller Akteure beinhaltet, sind 96% aller Freundschaften same type. Ein zweites Kollektiv stellt nur 5% aller Akteure. Auch dieses bildet 96% aller Freundschaften zu ähnlichen Individuen. Obwohl beide Gruppen denselben Homophiliewert haben, unterscheiden sie sich bezüglich der Möglichkeit, wie homophil sie sein könnten. Um dies auszugleichen wird Formel 6 verwendet, die den inbreeding Homophiliewert hinsichtlich der Gruppengröße normalisiert:

Formel 6: Normalisierte Homophilie

$$IH_i = \frac{H_i - w_i}{1 - w_i}$$

(vgl. Currarini/Jackson/Pin 2009: 7; s.a. Coleman 1959: 15).

Mithilfe dieser Formel findet im Grunde ein Abgleich der inbreeding Homophilie zum baseline Muster statt, das heißt zur erwarteten Normalverteilung. Da sich inbreeding Homophilie darüber definiert, dass H_i größer ist als w_i (vgl. Kapitel 4.3.5), wird hierbei im Zähler die Abweichung vom baseline Muster gemessen $(H_i - w_i)$. Diese Abweichung wird ins Verhältnis zum im Nenner ermittelten Anteil der different type persons $(1 - w_i)$ gesetzt. Um diesen Schritt nachvollziehen zu können wird auf das Beispielnetzwerk (Abbildung 9) zurückgegriffen. Das betrachtete Kollektiv sind nach wie vor die Frauen:

$$IH_i = \frac{H_i - w_i}{1 - w_i} = \frac{0{,}88 - 0{,}60}{1 - 0{,}60} = \frac{0{,}28}{0{,}40} = 0{,}70$$

Es zeigt sich, dass 28% der same type-Beziehungen über ein baseline-Muster hinaus gehen. Der Überschuss an s_i (vom erwarteten s_i) wird durch den Anteil der Männer im Netzwerk geteilt (40%). Somit ergibt sich auf der normalisierten Skala von 0 bis 1 ein Wert von 0,70.

4.3.9 Abgrenzung des Homophiliekonzepts

Im Folgenden wird das Homophiliekonzept gegen das Konzept der Heterophilie und gegen die Hypothese der Heterophobie abgegrenzt. Ähnlichkeiten werden aufgezeigt und es wird begründet, warum in dieser Studie Methoden des Homophiliekonzepts verwendet werden.

4.3.9.1 Das Theoriekonzept der Heterophilie als Abgrenzung zur Homophilie

Konträr zum Konzept der Homophilie steht das Konzept der Heterophilie („Gegensätze ziehen sich an“). Diese Theorie besagt, dass sich Akteure mit unähnlichen Persönlichkeitsstrukturen eher anfreunden. Die Begriffsdefinition geht auch hier auf Lazarsfeld und Merton zurück. Sie konstatieren Heterophilie als „A tendency for friendship to form between those who differ in some designated respect“ (Lazarsfeld/Merton 1964: 23). Heterophilie ist also ein eigenständiges sozialpsychologisches Theorem, das die individuelle Freundschaftswahl als bewusste Wahl von different type persons charakterisiert.
Empirisch lässt sich die Heterophiliehypothese kaum bestätigen. Alisch und Wagner fassen die vorliegenden Forschungsergebnisse verschiedener Studien wie folgt zusammen:

> *„Die (meist älteren) Befunde sprechen eher dagegen, dass Freunde einander auf Grund gegensätzlicher Eigenschaften und Verhaltensweisen auswählen.“ (Alisch/Wagner 2006: 33)*

In dieser Arbeit wird Heterophilie im Folgenden ausschließlich als mathematisches Ereignis im Sinne von „nicht homophil“ verwendet. Damit soll zum Ausdruck gebracht werden, dass wenn ein Merkmal keiner homophilen Ordnung folgt, diese Wahl nicht zwangsläufig auf Grund des bestehenden Unterschiedes getroffen wurde, wie es die Hypothese der Heterophilie annimmt. Vielmehr ist zu vermuten, dass in diesem Fall entweder die Unterschiede eines Merkmales für die Akteure nicht wahrnehmbar sind, die Verteilung dem Zufall unterliegt oder das spezielle Merkmal keine Ordnung im Sinne der Homophilie erzeugt. Dieser Gedankengang soll an folgendem Beispiel vervollständigt werden. In einem Netzwerk treten Personen mit drei verschiedenen Merkmalen (a; b; c) auf. Bei den Merkmalen a und b konnte weder eine baseline noch eine inbreeding Homophilie errechnet werden. Man müsste hier also mathematisch von Heterophilie sprechen. Merkmal c weist jedoch eine hohe inbreeding Homophilie auf. Die Gründe dafür mögen unklar sein, trotzdem würde man in diesem Fall von einer homophilen Ordnung sprechen, da die Merkmalsausprägung c eine Homophilie erzeugt.

4.3.9.2 Die Heterophobiehypothese als Abgrenzung zur Homophilie

Eine der Homophilie ähnliche Hypothese, untersuchen Mäs und Knecht. Die Heterophobiehypothese ist vom Wortlaut her die doppelte Umkehrung der Homophilie. Sie besagt, dass Akteure die sich unähnlich sind eher negative Beziehungen[11] ausbilden. In ihrer Untersuchung erforschen Mäs und Knecht das Verhältnis von Freundschaftswahlen und negativen Beziehungen anhand des Merkmals „Geschlecht“ in einer Schulklasse (N=28; Altersdurchschnitt=12 Jahre). Die Ergebnisse lassen darauf schließen, dass negative Beziehungen sich unter unähnlichen Akteuren eher herausbilden (Mäs/Knecht 2010).
Kritisch an der Studie anzumerken ist, dass die Stichprobe relativ klein ist und dass das Geschlecht in diesem Alter sicherlich eine andere Rolle spielt als in dem Alter, in dem die Jugendlichen in unserer Untersuchung sind. Im Hinblick auf die Studie dieser Arbeit stellt die oben genannte Sichtweise keine wesentliche Erweiterung dar, weil sich eine Differenzierung in Unähnlichkeiten voraussichtlich als aufwendiger erweisen würde.

4.4 Die Homophiliemerkmale

Bisher wurden zur Klärung des Homophiliebegriffs die theoretischen Überlegungen und deren empirische Basis dargelegt. Gegenstand dieses Kapitels sind die Ursachen der Homophilie. Das Konzept der Homophilie besagt, dass Personen, die sich ähneln eher Freundschaften schließen, als solche, die sich in ihrer Persönlichkeitsstruktur unterscheiden. Doch wie wird die Ähnlichkeit verschiedener Individuen bestimmt?

---

11 Negative Sozialbeziehungen stehen im Kontrast zu positiven Beziehungen. Während die Freundschaft ein Beispiel für eine positive Beziehung ist, stellt die Feindschaft ein Beispiel für eine negative Beziehung dar.

Überprüft man die Freundschaftsmuster eines Netzwerkes im Hinblick auf die Persönlichkeits- und Umgebungsstruktur der Akteure, lassen sich diverse Homophiliemerkmale extrahieren. Das Theoriekonzept greift diese Beobachtung auf und macht die Ähnlichkeitspräferenz an verschiedenen Ähnlichkeitsmerkmalen fest. Sind sich Personen im Hinblick auf ein Homophiliemerkmal ähnlich, gilt dies als Indiz für eine Freundschaft zwischen den Akteuren. Dabei gilt:

> *„Diese Bedingungen sind nicht als Ausschlusskriterien zu verstehen, vielmehr können sie als eine Möglichkeit zur Charakterisierung und zur Prognose von Beziehungsentwicklung aufgefasst werden." (Stegbauer 2008: 109)*

Durch verschiedene Forschungen kristallisierten sich bereits bestimmte persönliche Eigenschaften, Hintergründe und Vorlieben heraus, denen in Bezug auf Homophilie eine bedeutende Rolle zugeordnet wird. An dieser Stelle sei darauf hingewiesen, dass die einzelnen Merkmale nicht immer trennscharf voneinander abzugrenzen sind. Teilweise bedingen oder beeinflussen diese sich gegenseitig.

Zahlreiche Studien haben die strukturierenden Auswirkungen diverser Homophiliemerkmale bereits untersucht. Diverse Ergebnisse dieser Studien werden im Folgenden merkmalspezifisch zusammengestellt, wobei kein Anspruch auf die vollständige Nennung aller Merkmale erhoben wird. Es werden diejenigen Merkmale aufgeführt, die für unsere Studie interessant erscheinen.[12] Diese Zusammenfassung von Forschungsergebnissen orientiert sich an dem Studienüberblick von McPherson, Smith-Lovin und Cook (2001). Da im Rahmen der Forschung deduktiv vorgegangen wird, dient der nachfolgende Überblick auch als Anhaltspunkt zur Konzeption des Studiendesigns (vgl. Kapitel 6.2 Fragebogen Homophilieteil).

Prinzipiell lassen sich die Homophiliemerkmale beiden Theorieansätzen zur Freundschaftsgenese zuordnen – sowohl den individuellen als auch den sozialstrukturellen. Analog zu den Begrifflichkeiten der Mechanismen zur Freundschaftsentstehung werden die Merkmale im Folgenden in individuelle und sozialstrukturelle Merkmale unterschieden. Die Reihenfolge der Nennung spiegelt die von McPherson, Smith-Lovin und Cook (2001) beobachtete Rangfolge der Merkmale in den USA wider.

---

[12] Obwohl beispielsweise dem Alter ein starker Einfluss auf die Freundschaftsstrukturen beigemessen wird, ist die Auswertung dieses Merkmals wenig sinnvoll bei einer Erhebungsgruppe, die hinsichtlich ihres Alters homogen ist.

4.4.1 Individuelle Merkmale

In den individuellen Merkmalen finden sich askriptive Merkmale wieder und solche, bei denen der Akteur der Träger des Merkmals ist. In der Kategorie der sozialstrukturellen Merkmale finden sich relationale Merkmale und solche, die Gelegenheitsstrukturen repräsentieren.

Ethnische Herkunft: Der ethnische Hintergrund einer Person tritt in den USA als stärkstes Homophiliemerkmal auf. Selbst Negativ-Beziehungen folgen diesem Muster – so findet eine deutliche Abgrenzung unter Personen mit unterschiedlicher Herkunft statt (vgl. McPherson et al. 2001: 420).

Kalmijn, de Graaf und Janssen (2005) untersuchten Eheschließungen und Scheidungen in den Niederlanden hinsichtlich der ethnischen Herkunft der Ehepartner. Sie kamen zu dem Ergebnis, dass Ehen zwischen Niederländern und Nicht-Niederländern ein höheres Scheidungsrisiko beinhalten, als interethnischen Ehen (vgl. Kalmijn/de Graaf/Janssen 2005: 71).

Der Erziehungswissenschaftler Reinders fand in einer Studie im deutschen Raum zu Freundschaftsformationen von Jugendlichen folgendes heraus: „Knapp zwei Drittel der Deutschen und etwa 60% der türkischen Jugendlichen nennen [bei offener Fragestellung, Ergänzung d. Autoren] einen Freund der gleichen Nationalität." (Reinders 2004: 132). [13]

In den USA ließ sich bei kleineren ethnischen Gruppen beobachten, dass diese Netzwerke haben, die von der ethnischen Hauptgruppe dominiert werden (vgl. Marsden 1987). Bezogen auf Deutschland würde das bedeuten, dass Personen aus kleineren ethnischen Gruppen in Netzwerken agieren, in denen sich hauptsächlich Deutschstämmige befinden. Wenn sich die Auswahlmöglichkeiten der Freunde reduzieren, werden interethnische Freundschaften stärker. Diesen Schluss legt eine Studie von Hallinan und Smith zu interethnischen Gemeinschaften in Schulklassen nahe (vgl. Hallinan/Smith 1985: 14).

Geschlecht: War bei der ethnischen Herkunft die Verteilung noch ungleich, lassen sich die Ausprägungen des Homophiliemerkmals Geschlecht in zwei gleich große Gruppen teilen: etwa 50% der Bevölkerung ist männlich, die andere Hälfte der Bevölkerung ist weiblich.

Unter Kindern sind intrageschlechtliche Beziehungen stabiler als Freundschaften zwischen Mädchen und Jungen. Intergeschlechtliche Freundschaften brechen öfter auseinander. Das zeigt eine Langzeitstudie mit Grundschulkindern (vgl. Tuma/Hallinan 1979: 1277). Insgesamt interagieren Mädchen bis zur Pubertät in

[13] Ethnische Herkunft in der Erhebungsgruppe: deutsch 50%, türkisch 20%, andere Nationalität: 30%.

kleineren, homogeneren Gruppen, Jungen hingegen in größeren heterogeneren Gruppen (vgl. Shrum/Cheek/Hunter 1988: 235f.). Die Geschlechts-Homophilie sinkt mit dem Alter und dem Bildungsgrad (vgl. Marsden 1987: 129).

Erwachsene haben auf den ersten Blick mehr Freundschaften zum anderen Geschlecht. Doch bei näherer Betrachtung stellt sich heraus, dass die angegebenen intergeschlechtlichen Beziehungen hauptsächlich zu Verwandten bestehen. Betrachtet man die Beziehungen zu Nichtverwandten, wird wieder eine Geschlechtertrennung sichtbar (vgl. Marsden 1987: 127).

Religion: Die Beziehungsform zwischen Akteuren mit derselben Religion ist tendenziell eine enge. Die Ansprüche an den Interaktionspartner sind intime, wie zum Beispiel das Leihen von Geld (vgl. Feld 1984: 645). Kalmijn prognostizierte 1998 auf Grund einer Studie zur Homophilie unter Eheleuten, eine Abnahme der Religionshomophilie (vgl. Kalmijn 1998: 417). Sieben Jahre später kann eine weitere Studie zur Homophilie unter Eheleuten belegen, dass ein moderater Zusammenhang von Religionsdivergenz und Scheidung besteht (vgl. Kalmijn/deGraaf/Janssen 2005: 83).

Bildung, Beruf und soziale Schicht: Marsden kann belegen, dass die Akteure innerhalb eines persönlichen Netzwerkes zu 30% einen ähnlichen Bildungsstand haben wie Ego selbst (vgl. Marsden 1987: 127). Bei einer Untersuchung von Freundschaften zwischen Erwachsenen in Detroit und Westdeutschland testete Verbrugge (1977) die Bildungs- und Berufshomophilie als ähnlich stark wie die Geschlechts- und die Religionshomophilie. Unter Einbezug verschiedener Studien ordnen McPherson, Smith-Lovin und Cook Bildung, Beruf und soziale Schicht insgesamt als die nächst stärksten Merkmale ein (vgl. McPherson et al. 2001: 426).

Verhaltensweisen und Freizeitgestaltung: Die bisher geschilderten Homophiliemerkmale können im weitesten Sinne auf die Familie und die Herkunft einer Person zurückgeführt werden. Im Unterschied dazu, sind die beiden nächsten Merkmale vom Akteur selbst formbar.

Teenager interagieren eher mit Personen, die ihre Verhaltensmuster teilen. Ursprünglich wurde angenommen, dass der Freundeskreis das eigene Verhalten beeinflusst (vgl. McPherson et al. 2001: 428).

> *„As your mother always told you, hanging out with the wrong crowd could get you into trouble." (vgl. ebd.: 428).*

Wirkt das Verhalten des Akteurs auf sein Umfeld oder beeinflusst das Umfeld das Verhalten des Akteurs? Diese Diskussion kann auf einer Linie mit der bereits angeschnittenen Mikro-Makro-Debatte gesehen werden, wie Coleman sie darstellt (vgl. Kapitel 3.1). Diverse Studien legen den Schluss nahe, dass die Auswahl der Freunde über Ähnlichkeiten im Verhaltensmuster erfolgt. Dies gilt sowohl für positive als auch für negative Verhaltensweisen. Denise Kandel zeigte in einer Längsschnittstudie, dass das Rauchen von Marihuana und die Schulerfolge von Teenagern deshalb einer homophilen Ordnung folgen, weil die Akteure die Freunde wählen, die ihnen in diesen Aspekten ähnlich sind (vgl. Kandel 1978: 434f.).

Einstellungen, Werte und Ziele: Diese Merkmale sind der Ursprung des Homophiliekonzepts. Sie gehen einher mit der von Lazarsfeld und Merton benannten „value homophily" (vgl. Kapitel 4.2.1). Verbrugge stellte in einer Studie fest, dass Erwachsene tendenziell eher mit Personen interagieren, die eine ähnliche politische Einstellung teilen wie sie selbst (vgl. Verbrugge 1977: 591). Werte- und Einstellungshomophilie schafft insgesamt Anziehung und Interaktion (vgl. Huston/Levinger 1978: 141). Menschen tendieren sogar dazu, bei Freunden von einer ähnlichen Wertvorstellung auszugehen, wenn Themengebiete mit kontroverser Meinung schlicht nicht besprochen werden (vgl. McPherson et al. 2001: 429). Führt man diesen Gedanken weiter, scheint der ideale Freund jemand zu sein, dessen Wertvorstellungen den eigenen ähneln.

4.4.2 Sozialstrukturelle Merkmale

Wie bereits eingangs im Zuge der Darlegung der Theorienansätze zu Freundschaftsgenese erläutert wurde, sind für die Studie ergänzend zu den individuellen Mechanismen, die Gelegenheitsstrukturen von Interesse. Es sei an dieser Stelle erwähnt, dass alle Studienteilnehmer ausreichend Gelegenheit haben, sich zu begegnen, sehen sie sich doch regelmäßig in der Schule.

Was McPherson, Smith-Lovin und Cook (2001) als die „causes of homophily" bezeichnen, ist mehr als die bloße Deskription von Gelegenheitsstrukturen. Sie gehen über die Beschreibung von strukturellen Mechanismen hinaus und interpretieren neben den Orten von möglichen Treffen zusätzlich noch etwas anderes:

> *„the social structures that induce propinquity among similar others and the cognitive processes that make communication between similar others more likely." (McPherson et al. 2001: 416)*

Sozialstrukturen haben im Homophilie-Kontext zwei Eigenschaften: Sie begünstigen den Beginn einer Freundschaft durch das Zusammentreffen zweier Individuen und zeitgleich führen sie zu persönlicher Nähe zwischen eben diesen. Beispielsweise haben Nachbarn nicht nur durch ihre geografische Nähe die

Gelegenheit sich zu begegnen. Sie haben zusätzlich eine persönliche Gemeinsamkeit: Denselben Wohnort. Dies hat einen steigernden Effekt auf die Kommunikationswahrscheinlichkeit. Es bietet sich eine ganze Reihe an Gesprächsthemen an, wie beispielsweise Ortspolitik, Einkaufsmöglichkeiten in der Umgebung oder andere gemeinsame Nachbarn. Somit wird aus der Gelegenheitsstruktur zusätzlich eine individuelle Merkmalsähnlichkeit. Sozialstrukturelle Merkmale vereinen folglich beide Aspekte: Sozialstrukturelle Mechanismen und individuelle Mechanismen zur Gründung von Freundschaften.

Geografie: Die wichtigste Opportunitätsstruktur ist wohl der Wohnort, denn am Häufigsten entstehen Beziehungen in direkter Nachbarschaft (vgl. Fuhse 2008: 81). Schon 1983 kam Verbrugge zu dem Schluss, dass die Nachbarschaft der beste Vorhersagewert für die Häufigkeit von Treffen ist (vgl. Verbrugge 1983: 82). Prinzipiell hat der geografische Raum einen größeren Einfluss auf die Stärke einer Beziehung, als die bloße Präsenz. Selbst Faktoren wie die Anordnung von Straßenzügen haben einen Einfluss auf die Beziehungen (vgl. McPherson et al. 2001: 429). Überträgt man dieses Ergebnis auf unsere Studie, könnte beispielsweise die Belegung der einzelnen Schulkurse ein Faktor sein, da die Schüler sich dort räumlich nahe sind.

Organisationen: Wenn Akteure Nachbarn, Arbeitskollegen oder Mitglieder derselben Organisation sind, steigt die Wahrscheinlichkeit in Kontakt zu treten (vgl. Louch 2000: 58). Da Orte wie die direkte Nachbarschaft, der Arbeitsplatz oder Vereine den größten Teil der Beziehungen unter Nicht-Verwandten hervor bringen (vgl. ebd.: 53).

4.5 Kritik am Homophiliemodell

Die bestehende Kritik betrifft verschiedene Bereiche des Homophilieprinzips. Es finden sich kontroverse Positionen zum Theoriekonzept und zu den einzelnen Homophiliemerkmalen. Im Folgenden werden Kritikpunkte aufgegriffen und auf ihre Berechtigung hin geprüft. Zu Beginn stehen die Kritikpunkte am Theoriekonzept.

4.5.1 Sozialstrukturelle Mechanismen bei der Freundschaftsgenese

Es wird bemängelt, dass der Entstehungsprozess von Freundschaften nicht auf individuelle Mechanismen, sondern auf sozialstrukturelle Einflüsse zurückzuführen ist (vgl. Wolf 1996: 70). Dieser Kritikpunkt bewegt sich im Spannungsfeld der verschiedenen Theorien zur Bildung von sozialen Beziehungen (vgl. Kapitel 4). Die beiden Theorieansätze sind jedoch nicht als gegensätzlich zu betrachten, der sozialstrukturelle Ansatz schließt den sozialpsychologischen nicht aus. Zum Beginn einer Freundschaft können sowohl individuelle Präferenzen wie auch strukturelle Gegebenheiten beitragen. Eine mögliche Verifizierung des individuellen Modells würde den sozialstrukturellen Mechanismen nicht deren Gültigkeit absprechen.

Wie in Kapitel 4.2.3 dargelegt wurde, ist der neuere Homophiliebegriff, ein mehrdimensionaler, der sowohl individuelle wie auch strukturelle Merkmale mit einbezieht. Unsere Fallstudie bewegt sich in eben diesem Bereich der integrierten Theorien. Somit sollte die Studie in der Lage sein, folgende ergänzende Forschungsfrage zu beantworten: *Lässt sich die Bildung von Freundschaft auf individuelle oder auf sozialstrukturelle Mechanismen zurückführen?*

4.5.2 Heterophilie

Ein weiterer Einwand kommt von Alisch und Wagner. Sie weisen darauf hin, dass „Zuneigung in manchen Fällen auch durch Gegensätzlichkeit begründet sein" kann (Alisch/Wagner 2006: 32). Diese Aussage spiegelt exakt die Grundhypothese des Heterophilie-Konzeptes wider. Wie in Kapitel 4.3.6 bereits erläutert wurde, hat diese Komplementaritätshypothese empirisch kaum Bestand.

4.5.3 Selektion versus Sozialisation

Ein nächster Einwand zielt auf die zeitliche Reihenfolge des Homophilie-Phänomens ab. Es wird argumentiert, dass die Ähnlichkeit unter Freunden nicht Ursache einer Freundschaft ist. Sie entsteht vielmehr durch den gegenseitigen Austausch im Laufe einer Freundschaft. Ist Homophilie ein Selektionsprozess bei der Freundschaftswahl oder ist es das Ergebnis der Sozialisation? (vgl. Wolf 1996: 70; s.a. Alisch/Wagner 2006: 31f.).

Lazarsfeld und Merton konnten empirisch belegen, dass die Ähnlichkeit der Testpersonen bereits zu Beginn ihrer Freundschaft vorhanden war (vgl. Kapitel 4.2.1). Dies legt den Schluss nahe, dass Homophilie ein Selektionsprozess bei der Freundschaftswahl ist. Um diese Frage empirisch korrekt beantworten zu können, bedarf es jedoch einer Langzeitstudie zur Feststellung der Wirkrichtung (Wolf 1996: 73f.). Eine solche Langzeitstudie wäre aus den oben genannten Gründen sinnvoll. Solch eine Studie würde allerdings den Rahmen dieser Forschungsarbeit überschreiten.

4.5.4 Mangelnde Einsicht in die Interaktionspartner

Dieser und die beiden folgenden Kritikpunkte beziehen sich auf die Merkmale der Homophilie. Personen sind nicht in der Lage, die Eigenschaften ihres Gegenübers sofort vollständig zu erfassen und sich somit ein umfassendes Bild über die Homophiliemerkmale zu generieren.

> *„Das bedeutet, dass Freundschaften nur dann entstehen können, wenn alle (aus bestehenden Freundschaften) ableitbaren Merkmale in entsprechender Ausprägung vorhanden sind und als Wahlkriterien eingesetzt werden." (Alisch/Wagner 2006: 30)*

Die Persönlichkeitsstruktur der Akteure ist nicht voll zugänglich.
Dem lässt sich folgende Überlegung entgegen stellen: Ob eine Freundschaft entsteht oder nicht, entscheidet sich nicht direkt bei der ersten Begegnung. Genau wie das Kennenlernen von Personen ist auch die Freundschaftsbildung ein Prozess. Diese Voraussetzung steckt beispielsweise bereits im Titel der Forschungsarbeit von Lazarsfeld und Merton (1964): „Friendship as Social Process [...]".
Bezogen auf unsere Studie hat der Einwand der unzureichenden Einsicht in die Persönlichkeitsstruktur des Interaktionspartners wenig Relevanz. In unserem Fall ist eine klare Gelegenheitsstruktur gegeben: die Schüler sehen sich täglich. Somit wird davon ausgegangen, dass sie sich untereinander gut genug kennen.

4.5.5 Verzerrte Wahrnehmung der Interaktionspartner

Die Akteure nehmen die persönlichen Eigenschaften ihres Interaktionspartners subjektiv und somit eventuell auch verzerrt wahr. Bemängelt wird die Diskrepanz zwischen dem tatsächlichem und dem subjektiv wahrgenommenen Ähnlichkeitsgrad der Individuen (vgl. Wolf 1996: 69; s.a. Alisch/Wagner 2006: 32).
Zum Entgegenwirken dieses Problems fordern Alisch und Wagner einen methodischen Abgleich zwischen dem faktischen Ähnlichkeitsgrad und dem von den Akteuren subjektiv wahrgenommen Ähnlichkeitsgrad. Dazu müssten im Vorfeld beide Datenkomplexe erhoben werden (Alisch/Wagner 2006: 32). Abgesehen von einer erneuten empirischen Überprüfung lässt sich diesem Kritikpunkt auch eine theoretische Überlegung entgegenhalten. Selbstverständlich ist eine verzerrte Wahrnehmung der Interaktionspartner möglich. Allerdings gilt auch hier, wie beim zuletzt genannten Kritikpunkt (vgl. Kapitel 4.5.4): Freundschaft ist ein Prozess. Lazarsfeld und Merton konnten zeigen, dass im Falle von anfänglich fälschlich vermuteter Ähnlichkeit das Entdecken einer Wertedivergenz zum Kontaktabbruch führt (vgl. Kapitel 4.2.1.1).

4.5.6 Fehlende Gewichtung der Merkmale

Es wird kritisiert, dass die verschiedenen Merkmalsähnlichkeiten der Persönlichkeitsstruktur für die Selektion als gleich relevant bewertet werden (vgl. Alisch/Wagner 2006: 30f.). Diese Kritik impliziert die unterschiedliche Gewichtung der einzelnen Merkmale als Lösungsansatz. An dieser Stelle wurde offensichtlich übersehen, dass dies bereits stattgefunden hat. Die Ergebnisse der Studien hierzu haben McPherson, Smith-Lovin und Cook bereits im Jahre 2001 zusammengefasst, sowie die einzelnen Homophiliemerkmale nach ihrer Wichtigkeit geordnet (vgl. Kapitel 4.4). Ein Anstoß aus diesem Kritikpunkt kann für unsere Fallstudie heißen: *Wie sind die einzelnen Homophiliemerkmale in ihrer Einflussstärke auf Freundschaftsnetzwerke zu gewichten?*

4.6 Zusammenfassung Homophiliemodell

Es konnte gezeigt werden, dass eine Verschiebung des Homophiliemodells von den sozialpsychologischen Theorieansätzen der Freundschaftsgenese hin zu den integrierten Theorien stattgefunden hat. Diese Verschiebung erfolgte über die zusätzliche Berücksichtigung von Gelegenheitsstrukturen bei der Freundschaftsentstehung (sozialstrukturelle Merkmale). Mit Hilfe der empirischen Methode der Homophilie lässt sich der Grad der Homophilie in Gruppen, in Kollektiven oder von einzelnen Akteuren messen und in baseline oder inbreeding Homophilie ausdifferenzieren. Somit wird die strukturierende Auswirkung der Merkmale beziffert. Zu den einzelnen Homophiliemerkmalen wurden bereits einige Forschungen angestellt, über die ein Überblick gegeben wurde. Der Großteil der bestehenden Kritik am Homophiliemodell konnte widerlegt werden. Zwei Kritikpunkte deuten auf Lücken hin, die es mithilfe von weiterführenden Forschungen zu schließen gilt. Diese ergänzenden Fragestellungen werden gemeinsam mit der leitenden Fragestellung im folgenden empirischen Teil dieser Arbeit erforscht.

5 Einleitung in den empirischen Teil: Das Forschungsdesign

Im theoretischen Teil dieser Arbeit wurde einleitend der Freundschaftsbegriff geklärt. Des Weiteren wurde mit dem Homophiliekonzept ein Modell vorgestellt, das bei der Erklärung zur Freundschaftsentstehung individuelle sowie sozialstrukturelle Mechanismen zu berücksichtigen vermag. Im Rahmen dieses Homophiliemodells wurde eine Methode vorgestellt, mit der die empirische Messung der Homophilie in Freundschaftsnetzwerken möglich ist. Da die Ergebnisse der bisherigen Homophiliestudien sich aufgrund eines anderen Untersuchungskontextes nur schwer auf Deutschland übertragen lassen, besteht in diesem Kontext Überprüfungsbedarf. Die leitende Forschungsfrage beinhaltet die Überprüfung der Homophiliethese und lautet:

> **Leitende Forschungsfrage (1):** „Gleich und gleich gesellt sich gern“? Besteht ein Zusammenhang zwischen persönlichen Eigenschaften und Freundschaft?

Aus der bestehenden Kritik am Homophiliemodell wurden zwei ergänzende Fragestellungen abgeleitet, die es zu erforschen gilt:

> **Ergänzende Forschungsfrage (2a):** Wie sind die einzelnen Homophiliemerkmale in ihrer Einflussstärke auf Freundschaftsnetzwerke zu gewichten?

> **Ergänzende Forschungsfrage (2b):** Lässt sich die Bildung von Freundschaft auf individuelle oder auf sozialstrukturelle Mechanismen zurückführen?

Um die leitenden Forschungsfrage beantworten zu können, ist die Erhebung und Auswertung von zwei Datenkomplexen erforderlich. Zur deduktiven Überprüfung der Homophiliethese ist die Erfragung von Freundschaftsstrukturen und von Persönlichkeitsmerkmalen von Nöten. Die beiden ergänzenden Forschungsfragen können über das Erstellen einer Rangfolge der einzelnen Homophiliemerkmale erforscht werden. Dieses Vorgehen setzt eine vergleichbare Bezifferung der einzelnen Merkmale voraus, welche mit der aufgezeigten Methode sichergestellt wird.

Als Untersuchungsgruppe bietet sich eine Schulstufe als geschlossener Rahmen an, da somit die Netzwerkgrenzen gesetzt sind. Gewählt wird eine quantitative Forschungsmethode, vor allem weil die Ergebnisse quantifizierbar und vergleichbar sind. Somit ist es möglich, die Formeln zur Berechnung der Homophilie im

Netzwerk anzuwenden (vgl. Kapitel 4.3). Von einer qualitativen Forschung kann abgesehen werden, da der Untersuchungsgegenstand bekannt ist (vgl. z.B. Diekmann 2009). Das gewählte Erhebungsinstrument ist der Fragebogen. Die Auswertungsmethode sind die Instrumente der Netzwerkforschung. Die genaue Vorgehensweise der Datenerhebung, die Anwendung der Methode und die Auswertung der Daten werden in den nun folgenden Abschnitten beschrieben.

6 Vorgehen bei der Datenerhebung

6.1 Erhebungsgruppe: Schulstufe

Freundschaft ist ein soziales Phänomen, das in allen Altersklassen, allen Schichten und allen Kulturen besteht. Als Untersuchungsrahmen bietet sich eine Schulstufe an; insbesondere eine Oberstufe. Die Institution Schule und die Altersgruppe der Oberstufenschüler (im Regelfall sind diese zwischen 17 und 19 Jahre alt) haben folgende Vorteile auf der Netzwerkebene und der Ebene der Merkmale.
Die Institution Schule gibt die räumliche Begrenzung des sozialen Netzwerkes vor. Da die Schüler den Großteil ihrer Zeit in der Schule verbringen, kennen diese sich untereinander. Sie sind somit in der Lage eine Freundschaftsbeziehung aufzubauen, oder eben nicht aufzubauen. Des Weiteren ist anzunehmen, dass die Schüler der Oberstufe alt und reflektiert genug sind, um ihre Beziehungen einzuschätzen und bewerten zu können.
Weitere Vorteile bestehen auf der Merkmalsebene. Durch die Zuteilung in Schulklassen sind bestimmte Homophiliemerkmale voraussichtlich homogen: Alter, Bildungsgrad und Wohnort. Hingegen spielen Interessen, Vorlieben oder Hobbies bei der Zuordnung in Klassen von allgemeinen Gymnasien keine Rolle und sind somit heterogen. Des Weiteren kann davon ausgegangen werden, dass die Schüler der Oberstufe in ihrem Charakter einigermaßen gefestigt sind. Scherr fasst die Theorien zur Persönlichkeitsentwicklung in der Adoleszenz wie folgt zusammen:

> *„In unterschiedlichen Theorien wird angenommen, dass Jugend eine besonders bedeutsame Phase der individuellen Entwicklung sei, in der für das Erwachsenenleben grundlegende Persönlichkeitseigenschaften (z.B. politische Überzeugungen, kulturelle Präferenzen, auf Beruf und Familie bezogene Lebensentwürfe) entwickelt werden." (Scherr 2009: 65)*

Scherr beruft sich dabei u.a. auf Ingelhart (1971: 994), der die Lebensphase der Jugend als „*formative years*", als formende Jahre, bezeichnet.
Als Erhebungsgruppe wurde eine gymnasiale Oberstufe gewählt. Bei den Schülern von Fachgymnasien wird durch die Wahl desselben Schwerpunktes von einer größeren Homogenität bezüglich der Persönlichkeitsmerkmale ausgegangen. Aus diesem Grund wird ein allgemeines Gymnasium präferiert. Als einen ersten Schritt wurde auf dem Postweg Kontakt zu mehreren allgemeinen Gymnasien

aufgenommen. Dabei stellten wir uns und unsere Forschungsabsichten den Lehrern und den Schülern der Schulen vor. Der Standort der gewählten Schule ist Frankfurt am Main. Gemeinsam mit der Schulleitung entschieden wir und für die Stufe zwölf als Erhebungsgruppe mit knapp 100 Schülern. Der Kontakt bestand bis zur Datenerhebung ausschließlich zur Schulleitung. Diese stellte eine Stufenliste mit den Namen der Schüler zur Verfügung, welche für die Konzeption des Fragebogens wichtig waren. Eine deskriptive Beschreibung der Erhebungsgruppe folgt in Kapitel 8.

6.2 Erhebungsinstrument: Fragebogen

6.2.1 Konzeption des Fragebogens

Die Erhebung der Daten erfolgte quantitativ mithilfe eines 16-seitigen Fragebogens. Die Entwicklung stützt sich auf kognitionspsychologische und kommunikationstheoretische Empfehlungen von Porst (vgl. Porst 2009). Um die Datenqualität möglichst valide (gültig) und möglichst reliabel (zuverlässig) zu halten, wurde vor allem auf zwei Aspekte Wert gelegt: Die Verständlichkeit und die Motivationssteigerung zur Bearbeitung des Fragebogens. Hierfür sind eine klare Layout-Struktur (Überschriften und einheitliches Format), ein ansprechendes Design, ein logischer Befragungsablauf, sprachlich einfach formulierte sowie übersichtliche Fragen und Antwortmöglichkeiten und klare Arbeitsanweisungen für die Testpersonen von Nöten. Das Ausmaß des Fragenbogens wurde so kurz wie möglich und so lang wie nötig gehalten.

Um den Studienteilnehmern[14] einführend alle Informationen auf einen Blick zu geben wurde dem Fragebogen ein Titelblatt vorangestellt. Hierauf finden sich die Fragestellung der Forschung in verständlicher Alltagssprache sowie unsere Kontaktdaten für etwaige Rückfragen. Um das Interesse und die Neugierde der Schüler zu wecken wurde dieses farbig und darüber hinaus mit einer anschaulichen Grafik, die ein soziales Netzwerk zeigt, gestaltet. Auf der zweiten Seite befinden sich Hinweise zum Ausfüllen des Fragebogens: Den Testpersonen wurde an Beispielen gezeigt, wie sie standardisierte Fragen mit Antwortkategorien ausfüllen, Skalen bearbeiten und offene Fragen beantworten sollten. Hiermit wurden die Schüler auf die Studie vorbereitet. Sie konnten die Anforderungen verstehen und den Fragebogen somit handlungssicher ausfüllen.

---

[14] Die Begriffe „Studienteilnehmer“ und „Testpersonen“ werden in dieser Arbeit synonym verwendet.

Eine Herausforderung bei der Erhebung bestand darin, alle benötigten Daten in möglichst kurzer Zeit umfassend zu erheben, da erstens von Seiten der Schulleitung nur ein begrenzter Zeitrahmen von 20 Minuten zur Verfügung stand und zweitens die Studienteilnehmer kognitiv nicht überfordert werden sollten. Zu diesem Zweck wurde auch die Reihenfolge der Fragen systematisiert. Diese wurden thematisch sinnlogisch angeordnet, um die Logik des Befragungsablaufes nachvollziehbar zu gestalten. Die umfangreichen Frageblöcke mit Skalenbearbeitung stehen am Anfang des Fragebogens, da diese komplexere Anforderungen mit sich bringen. Auf den letzten Seiten überwiegen einfache Fragen mit standardisierten Antwortkategorien.
Um sicherzustellen, dass die Fragen verständlich sind, wurden während der Entstehungsphase des Fragebogens in verschiedenen Entwicklungsphasen insgesamt vier Pretest-Runden mit jeweils zwischen vier und sechs verschiedenen Pretest-Kandidaten durchgeführt. Dabei wurde die Methode des „Zwei-Phasen-Pretesting" nach Prüfer und Rexroth verwendet. Hierbei handelt es sich um ein Verfahren, das „in zwei Schritten sowohl die Anwendung kognitiver Techniken als auch den Einsatz des Standard-Pretests vorsieht" (Prüfer/Rexroth 2000: 2).[15] Die Pretests wurden so weit wie möglich unter den Rahmenbedingungen der Haupterhebung durchgeführt. Das bedeutet, die Kandidaten wussten wenig über den Theoriehintergrund der Studie. Zur Bewertung ihrer sozialen Beziehungen bekamen sie eine zufällige Auswahl von ca. 100 Personen aus ihrer persönlichen Facebook-Freundesliste vorgelegt. Getestet wurde sowohl das Verständnis des Fragebogens als auch die Einhaltung des gesetzten Zeitrahmens.
Inhaltlich wurden mithilfe dieses Fragebogens beide Teilaspekte der leitenden Fragestellung empirisch ermittelt. Zum einen wurde die soziale Netzwerkstruktur erhoben, zum anderen vergleichbare Werte für die einzelnen Merkmale des Homophiliekonzepts (vgl. Kapitel 4.4) gefunden.

6.2.2 Soziales Netzwerk

Zur Ermittlung des sozialen Netzwerkes bewertete jeder Studienteilnehmer seine Beziehung zu allen anderen Studienteilnehmern aus der Egoperspektive. Aus Gründen des Datenschutzes wurden in den Fragebogen nur die Vornamen der Schüler aufgenommen, so wie in Einzelfällen maximal die ersten zwei Buchstaben des Nachnamens, um etwaige Verwechslungen auszuschließen. Außerdem besteht eine weitere mögliche Gefahr bei der Verwendung der vollen Namen. Es ist

15 Für eine genaue Beschreibung des „Zwei-Phasen-Pretesting"-Verfahrens mit allen Einzelschritten siehe Prüfer/Rexroth 2000.

davon auszugehen, dass die Schüler sich untereinander mit Vornamen ansprechen. Eine Verwendung des vollen Namens könnte unbewusst zu einer Verfremdung und damit zu einer Distanzierung führen. Die Schüler könnten die Befragung als zu formal wahrnehmen und in ihren Angaben vorsichtig und zurückhaltend werden. Die Angaben sollten jedoch möglichst intuitiv gemacht werden. Zusätzlich wurden zwei fiktive Namen zu Kontrollzwecken in die Schülerliste mit aufgenommen. Der Hintergrund dieser Methode wird in Kapitel 7.2 dargelegt.

Tabelle 1: Die Erhebung der sozialen Beziehungen im Netzwerkteil des Fragebogens

						der Name sagt mir nichts/Ich weiß nicht
Schüler 1						□

Nach Klärung des Umfangs der Erhebungsgruppe, galt es ein Vorgehen zu entwickeln, um Freundschaften empirisch zu erfassen. Die Herausforderung bestand darin, einen mess- und vergleichbaren Wert für „Freundschaft" zu finden. Denn, wie eingangs erwähnt, ist „Freundschaft" ein subjektiv normativer Begriff (vgl. Kapitel 1). Dieses Problem wurde grafisch gelöst: Die Bewertung wurde mithilfe von verschiedenen Smiley-Symbolen gestaltet. Der Arbeitshinweis für die Schüler lautete: „Die fünf Smileys stehen für eine Skala, die von 'ist mir sehr unsympathisch' über 'neutral' bis hin zu 'ist mir sehr sympathisch/ist ein Freund von mir' reicht". Es wurden also absichtlich nur die beiden Endpunkte der Bewertungsskala benannt, sowie die neutrale Mitte. Im Bereich der positiven Beziehungen wurde zusätzlich der Begriff Freundschaft verwendet. Um ein umfassendes Bild von der Stufenstruktur zu bekommen, wurden sowohl gestaffelt positive als auch gestaffelt negative Beziehungen erhoben. Die neutrale Bewertungsmöglichkeit verhinderte den Bewertungszwang in eine Richtung, ob positiv oder negativ. Dieser würde zu einer Verfälschung der Daten führen. Zudem lieferten diese Daten ein neutrales Netzwerk, das zum Vergleich herangezogen werden kann. An der Wahl einer fünfstufigen Skala kann kritisiert werden, dass latent positive oder negative Bewertungen nicht erhoben werden. Diese können aber im Rahmen dieses Untersuchungskontextes „Freundschaft" vernachlässigt werden. Neben der Bewertungsskala der sozialen Beziehungen wurde für Schüler, die sich untereinander nicht kennen, eine „der Name sagt mir nichts/ich weiß nicht wer das ist" -Kategorie gebildet.

Ergänzend zu der Beziehungsbewertung anhand der Stufenliste wurden mithilfe einer offenen Fragestellung die besten Freunde erhoben. Diesem Vorgehen lag folgende Überlegung zu Grunde. Es wurde unterstellt, dass durch den Namensgenerator „Wer sind deine engsten Freunde?“ qualitativ engere Freunde genannt werden als bei der höchstmöglichen Skalenwertung, da hier nur die Freunde auftauchen sollten, die den Schülern intuitiv in den Sinn kommen. Somit ist eine weitere Differenzierung innerhalb des engen Freundschaftsbegriffs möglich.[16]

6.2.3 Persönlichkeitsstrukturen

Der zweite Teil des Fragebogens wurde zur Erhebung der Akteursmerkmale konzipiert. Hierbei wurde auf die Bandbreite und auf die möglichst vollständige Abdeckung von allen für die Studie interessanten Homophiliemerkmalen Wert gelegt (vgl. Kapitel 4.4). Das bedeutet, es wurden sowohl individuelle wie auch sozialstrukturelle Merkmale erhoben. Die Persönlichkeitsstrukturen der Schüler wurden über verschiedene Kategorien in folgender Reihenfolge abgefragt: Freizeitverhalten, Werte und Ziele, Familie und Herkunft sowie demografische Daten. Zur Ermittlung dieser Aspekte wurden die Fragen überwiegend nach dem Vorbild der Shell Jugendstudie 2010[17] gestaltet (vgl. Albert/Hurrelmann/Quenzel 2010). Die Verwendung der Erhebungsinstrumente der 16. Shell Jugendstudie erfolgte aus zweierlei Gründen. Zum einen konnte davon ausgegangen werden, dass es bei den Fragen von Seiten der Schüler nicht zu Verständnisproblemen kommen würde. Zum anderen wurde die Qualität bezüglich der Validität und Reliabilität der Fragen durch die vielfache Überprüfung dieser als hoch eingeschätzt. Diese Vorteile wurden gegenüber dem Nachteil abgewägt, dass eine eigene Konzeption von einzelnen Fragen eine präzisere Erhebung ermöglicht hätte. Die Vorteile überwogen die Nachteile, vor allem aus zeitlichen Gründen.

Auf eine umfassende Darlegung jeder einzelnen Frage wird an dieser Stelle verzichtet, um Redundanzen zu vermeiden. Die Relevanz der erhobenen Homophiliekomponenten wurde bereits in Kapitel 4.4 dargelegt und die spezifische Erläuterung der einzelnen Fragen erfolgt im Zuge der Auswertung in Kapitel 5.

---

[16] Diese Überlegung bestätigt sich bei einem Blick in die Daten: Nur jeder vierte Freund der auf der Bewertungsskala den höchsten Wert erhielt, wurde auch namentlich in der Ergänzungsfrage genannt.

[17] Im Folgenden wird auf die vollständige Zitierung der Shell Jugendstudie verzichtet, um den Lesefluss zu erleichtern. Wenn nachfolgend von der „Shell Jugendstudie“ gesprochen wird, beziehen wir uns immer auf Albert/Hurrelmann/Quenzel (2010).

6.3 Durchführung der Erhebung

Die Datenerhebung erfolgte quantitativ mithilfe des im vorigen Kapitel erläuterten Fragebogens. Die Befragung fand innerhalb einer Schulstunde statt und wurde zeitgleich in allen vier Schulkursen durchgeführt. Hierbei war jeder der Forscher für jeweils zwei Kurse zuständig. Dadurch wurde sichergestellt, dass alle Studienteilnehmer dieselbe Ausgangssituation hatten. Schüler, die am Tag der Datenerhebung nicht anwesend waren, erhielten nachträglich über die Lehrer einen Fragebogen.

Zu Beginn der Befragung wurden gemeinsam mit den Schülern die Hinweise zum Ausfüllen des Fragebogens mündlich durchgegangen, um sicherzustellen, dass alle Schüler die Anforderungen verstanden haben. Zudem wurde wiederholt betont, dass die Daten streng vertraulich behandelt werden und dass weder Lehrer noch Eltern Einsicht in die Ergebnisse bekommen, um eventuellen Hemmnissen der Schüler entgegenzuwirken. Da eine eindeutige Zuordnung der Daten für die Studie unerlässlich war, wurden die Schüler ausdrücklich dazu aufgefordert, ihren Namen auf den Fragebogen zu notieren. Inhaltlich wurden die Studienteilnehmer lediglich darüber aufgeklärt, dass ihre Beziehungen erhoben werden. Die Erläuterung des Studienhintergrundes erfolgte erst im Anschluss an die Erhebung, um die Daten nicht zu verfälschen. Keinem der Forscher waren die Schüler persönlich bekannt.

7 Angewandte Methode

7.1 Soziale Netzwerkforschung

> *„Ein Netzwerk ist definiert als eine abgegrenzte Menge von Knoten(...) und der Menge der zwischen ihnen verlaufenden sogenannten Kanten." (Jansen 2006: 58)*

Im Rahmen der Einleitung wurden die grundlegenden Begriffe der Netzwerkforschung erläutert, um ein Grundverständnis zu vermitteln. In diesem Kapitel soll noch einmal expliziter auf die Netzwerkforschung eingegangen werden, vor allem mit Hinblick auf die eigene Studie. Zu Erinnerung: Die Knoten sind die Akteure, in diesem Fall die Schüler, und die Kanten stellen die sozialen Beziehungen zwischen ihnen dar (vgl. Kapitel 1.4).
Der Kanteneigenschaft der Relationsintensität (vgl. Kapitel 1.4.1) konnte im Rahmen der Studie von den Schülern anhand der fünfstufigen Skala Ausdruck verliehen werden (vgl. Tabelle 1). Diese Angaben lassen innerhalb der sozialen Beziehungen eine Differenzierung nach ihrer Stärke zu. Granovetter (1973) prägte den Begriff der *„weak and strong ties"*.[18] Somit ergibt sich ein umfassendes Bild der sozialen Stufenstruktur. Da Freundschaft ein subjektiv normativer Begriff ist (vgl. Kapitel 0), ist davon auszugehen, dass die Beziehungen nicht symmetrisch sind. Deshalb wird deren Richtung in der Untersuchung berücksichtigt. Die Entscheidung fällt bewusst gegen eine Symmetrisierung der Beziehungen, da diese zu einer Verzerrung der Ergebnisse führen würde. Für die Homophiliethese ist unerheblich, ob oder in welchem Maße eine Freundschaft auf Wechselseitigkeit beruht. Eine unsymmetrische Beziehung zwischen same type persons könnte beispielsweise auch daher rühren, dass einer der Akteure die Ähnlichkeit nicht wahrgenommen hat. Dies deckt sich mit den Beschreibungen Webers, dass Beziehungen nicht beidseitig mit dem gleichen Sinn gefüllt sein müssen (vgl. Kapitel 2.2.2).
Bislang wurden die Homophiliemerkmale, nach ihrem Erklärungsansatz zur Freundschaftsgenese, in individuelle und sozialstrukturelle Merkmale unterschie-

---

[18] Den Autoren ist bewusst, dass eine Beziehung mehrdimensional ist und dass innerhalb einer Beziehung verschiedene Aspekte konkurrieren (vgl. Stegbauer 2008: 107ff.). Gegenstand der Studie ist das Bestehen einer Freundschaftsbeziehung in Verknüpfung mit den Homophiliemerkmalen der Akteure beziehungsweise dem sozialstrukturellen Umfeld. Die Behandlung der Merkmale erfolgt aus methodischen Gründen für jedes einzelne Merkmal autonom. Wie sich diese Beziehung im Einzelfall zusammensetzt, kann im Rahmen dieser Arbeit vernachlässigt werden.

den (vgl. Kapitel 4). Nach der Merkmalsunterscheidung der Individuen von Jansen[19] können den Akteuren, das heißt im Rahmen der Fallstudie die Schüler, zwei Arten von Merkmalen zugeordnet werden: *absolute* und *relationale Merkmale*. Die sogenannten absoluten Merkmale haften dem einzelnen Individuum an, es sind ihm klar zugeschriebene Attribute unabhängig vom jeweiligen Kontext. Über diese absoluten Merkmale (z.B. Geschlecht) werden die Akteure in Kollektive eingeordnet (z.B. Männer und Frauen). Relationale Merkmale (z.B. Wohnort) hingegen „sind streng genommen keine Merkmale des einzelnen Elements mehr, sondern eine Eigenschaft von Paaren, also sehr kleinen Kollektiven“ (Jansen 2006: 54). Sie sind folglich kontextabhängig (vgl. ebd.: 53f.).
Diese Merkmalsunterscheidung ist wichtig für die Analyse der sozialen Netzwerkdaten. Bei der strukturellen Analyse liegt der Fokus auf den Beziehungsmustern. Die relationale Analyse hingegen legt den Schwerpunkt auf direkte und indirekte Beziehungen zwischen den Akteuren (vgl. ebd.: 67).
Im Rahmen der Fallstudie werden die Akteure über deren absoluten Merkmale, deren Attribute, kontextuell in Kollektive zusammengefasst. Somit ist eine Analyse auf der Ebene der Gruppen möglich (vgl. Kapitel 1.4.2). Nach der leitenden Forschungsfrage ist vor allem das Beziehungsmuster der Freundschaften von Interesse. Die Homophiliethese bedeutet übersetzt ins grafische Netzwerk folgendes: Innerhalb der Kollektive bestehen viele Beziehungen unter den Akteuren, die Kollektivdichte ist also sehr hoch. Die Menge der Freundschaften zu Akteuren mit einer anderen Ausprägung hingegen ist vergleichsweise gering, natürlich immer unter Einbezug der Gruppengröße. Mithilfe der in Kapitel 4.3 vorgestellten Formeln lässt sich errechnen, in wie weit die Freundschaften der Akteure nach einer homophilen Ordnung strukturiert sind.

7.2 Vorgehen bei der Datenauswertung

Im Netzwerkteil des Fragebogens befinden sich neben der Stufenliste zusätzlich zwei fiktive Namen: „Bianca“ und „Torben“. Dieses Vorgehen diente der Überprüfung, wie gewissenhaft die Schüler den Fragebogen ausfüllen. Außerdem sollte damit überprüft werden, wie genau die Schüler ihr Umfeld kennen. Voraussichtlich sollte bei diesen Namen, wenn diese Schüler nicht als unbekannt gelten, eine neutrale oder negative Bewertung auftreten. Porst erklärt dies mit kognitionspsy-

---

[19] Dorothea Jansen unterschiedet vier Typen von Merkmalen von Individuen: absolute, relationale, komparative und kontextuelle Merkmale. Für eine ausführliche Darlegung siehe Jansen (2006: 53ff.).

chologischen Aspekten. Dieses Vorgehen orientiert sich an Porst, der solche Fragen als Kontrollkriterium vorschlägt. In unserer Studie gaben 8% der Befragten an, Bianca zu kennen und 13% gaben an, Torben zu kennen. Von den Befragten, die Bianca oder Torben angeblich kennen, geben ihnen 69% eine neutrale Wertung. Die restlichen 31% bestehen gleichmäßig aus negativen Antworten. Im Vergleich zu den von Porst genannten Kontrollwerten ist der Anteil der Befragten die angeben Bianca und Torben nicht zu kennen, relativ hoch. Man kann also davon ausgehen, dass die Schüler gewissenhaft geantwortet haben. Aufgrund dessen besteht kein Bedarf, die Antworten zu modifizieren oder zu filtern (vgl. Porst 2009: 121ff.).

Zur Überprüfung der leitenden Fragestellung ist von Interesse, ob die angegebenen Merkmalsausprägungen so im Netzwerk verteilt sind, dass diese eine homophile Ordnung der Freundschaftsmuster schaffen, die signifikant von einer zufälligen Ordnung abweicht. Dabei ist das Vorgehen schematisch für jedes Merkmal dasselbe und umfasst drei Schritte. Nach der Bildung der Merkmalskollektive wird die Freundschaftsstruktur in den Freundschaftsnetzwerken betrachtet und schließlich auf Signifikanz geprüft.

7.2.1 Standard-Netzwerke als Grundlage der Netzwerkanalyse

Vor der eigentlichen Netzwerkanalyse steht die Generierung von vier Standard-Netzwerken, die dann analysiert werden. Als Grundlage der Netzwerkerstellung dient die Sympathiewertung der Schüler auf der Skala von 1 bis 5. Den Skalenpunkten wird der gleiche Wert in Punkten zugerechnet. Ein optionaler Extrapunkt wird für die namentliche Nennung auf die Frage „Wer sind deine besten Freunde?" addiert. Das betrifft sowohl den In- als auch den Outdegree der Akteure.

Aus dem Ergebnis dieser Rechnung werden vier Standard-Netzwerke unterschiedlicher Freundschaftsintensitäten generiert, die im Folgenden zur Überprüfung der Homophiliethese herangezogen werden: ein enges Freundschaftsnetzwerk, ein reguläres Freundschaftsnetzwerk, ein loses Freundschaftsnetzwerk und ein neutrales Netzwerk. Bei der Auswertung wird vor allem auf das enge und das reguläre Netzwerk eingegangen, schließlich sind die untersuchten Relationsinhalte Freundschaftsbeziehungen. Das neutrale Netzwerk dient zur Ermittlung des Signifikanzniveaus. Das lose Netzwerk wird lediglich in Einzelfällen herangezogen.

Tabelle 2: Die vier Standard Freundschaftsnetzwerke (FN) im Überblick

	Enges FN	Reguläres FN	Loses FN	Neutrales Netzwerk
Punktewert	6	5	4	3
Anzahl Akteure	83	87	87	87
Anzahl Ties (gerichtet)	325	743	2356	2764
Durchschnittlicher Outdegree/Akteur	3,9	8,5	27,1	31,8
Dichte	5%	10%	31%	37%

Akteure, die die Höchstpunktzahl (6 Punkte) erreichen, werden als enge Freunde definiert. Nach dieser Rechnung nannte jeder Schüler durchschnittlich knapp vier Mitschüler als beste Freunde. Von allen 87 Schülern fallen vier nicht in dieses Netzwerk, da sie weder Freunde namentlich nannten, noch von Mitschülern namentlich als Freund genannt wurden. In Abbildung 12 ist das enge Freundschaftsnetzwerk der Schulstufe visualisiert. Dabei steht jeder Knoten für einen Schüler und jeder Pfeil symbolisiert eine gerichtete Kante (vgl. Kapitel 1.4).

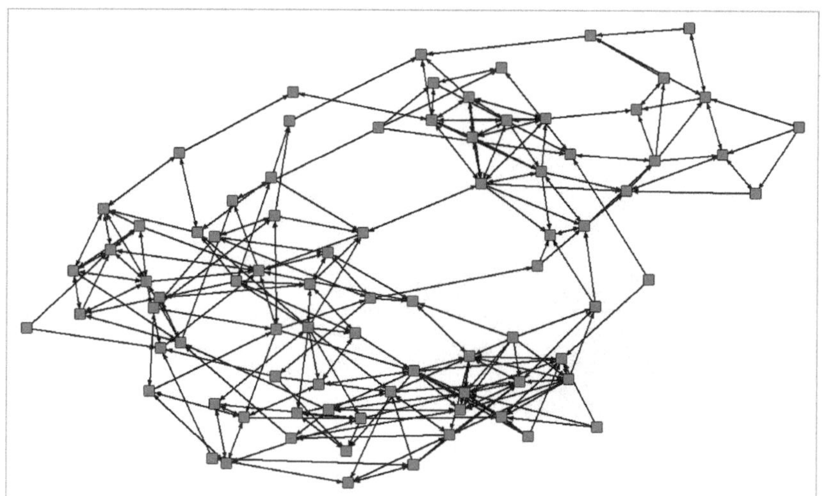

Abbildung 12: Das enge Freundschaftsnetzwerk der Schulstufe

Mit einer Darstellung der Reduzierung der Intensität von Freundschaftsbeziehungen wird das Netzwerk der regulären Freunde erlangt. Hierunter fallen alle Beziehungen, die in der Summe der oben genannten Addition eine „5“ erlangen. Inhaltlich kann das zwei Bedeutungen haben. Die Beziehung wurde entweder mit dem höchsten Skalenwert bewertet (1022 ties) oder mit der zweithöchsten Wertung, die mit einer namentlichen Nennung als besten Freund einherging (50 ties). In diesem Netzwerk sind alle 87 Schüler vertreten. Abbildung 13 zeigt das reguläre Freundschaftsnetzwerk der Schulstufe.

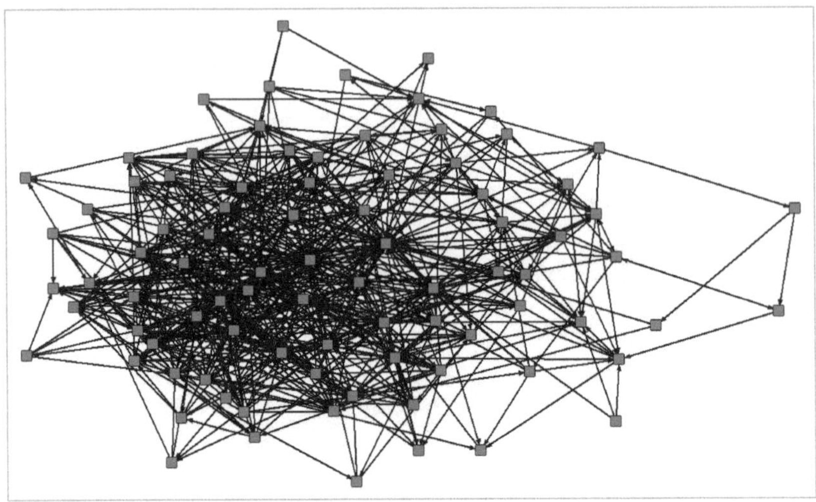

Abbildung 13: Das reguläre Freundschaftsnetzwerk der Schulstufe

In das Netzwerk loser Freunde gehen Beziehungen mit dem Skalenwert „4" ein. Inhaltlich steht dieser Relationsinhalt zwischen einer neutralen Nennung und der Angabe „ist ein Freund von mir". Umgangssprachlich könnte man die Akteure auch als „Bekannte" bezeichnen. In Abbildung 14 ist erkennbar, dass die Dichte im losen Freundschaftsnetzwerk hoch ist.

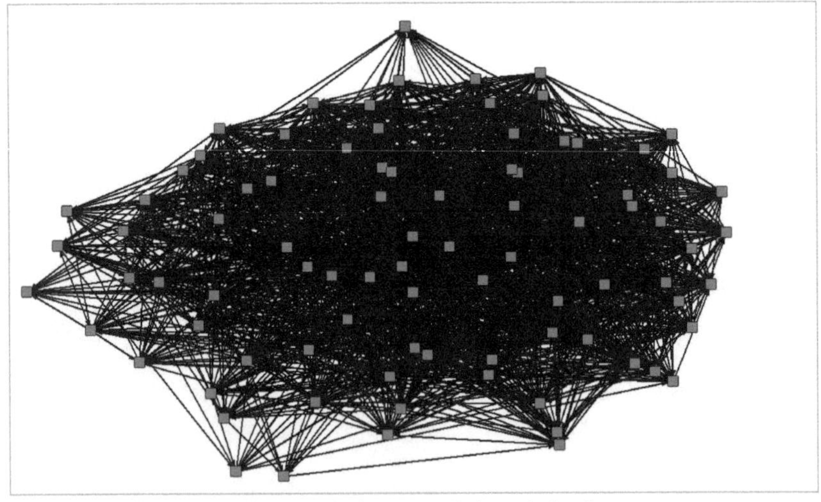

Abbildung 14: Das lose Freundschaftsnetzwerk der Schulstufe

In Abgrenzung zu den drei intensivsten Freundschaftsnetzwerken wird zudem ein neutrales Netzwerk erstellt. Es bildet sowohl alle 87 validen Schüler ab als auch deren neutrale Beziehungen untereinander.

7.2.2 Die Merkmalsähnlichkeiten als Eigenschaften der Akteure

Um eine Vergleichbarkeit der Akteure hinsichtlich ihrer Persönlichkeitsstruktur herzustellen, werden diese unter dem Gesichtspunkt des jeweiligen individuellen beziehungsweise sozialstrukturellen Merkmals in homogene Gruppen zusammengefasst. Dabei gehört jeder Schüler immer merkmalspezifisch einem solchen Kollektiv an. Diese nominale Typisierung macht es möglich, Ähnlichkeiten abzulesen. Die Mitglieder desselben Kollektivs gelten als ähnlich (same type persons), die der anderen Kollektive in Abgrenzung dazu als unähnlich (different type persons; vgl. Kapitel 4.3.2). Aus methodischen Gründen wird in unserer Studie angenommen, dass jedes Merkmal für sich unabhängig von den jeweils anderen Merkmalen ist.[20] Das explizite Vorgehen zur Kollektivbildung wird merkmalspezifisch in den betreffenden Abschnitten erläutert.

7.2.3 Die Homophilie im sozialen Netzwerk

Im zweiten Schritt der Analyse wird die strukturierende Auswirkung des jeweiligen Homophiliemerkmals in den beiden intensivsten Freundschaftsnetzwerken der Schüler überprüft. Dies geschieht im Rückgriff auf die in Kapitel 4.3 dargelegten Formeln. Wie bereits angedeutet, kann der Homophilieindex als Einzelmerkmal oder als Kollektivmerkmal berechnet werden. Da Homophilie eine strukturgebende Eigenschaft ist, wird der Homophilieindex für die Interpretation kollektivspezifisch angewendet.[21] Die im Kapitel 4.3.2 genannte Formel der normalisierten Homophilie sei an dieser Stelle zur Erinnerung noch einmal aufgestellt und an die Kollektive angepasst.

Formel 7: Kollektiv-Homophilieindex

$$H_{iKollektiv} = \frac{s_{iKollektiv}}{(s_{iKollektiv}) + (d_{iKollektiv})}$$

---

[20] Es liegt auf der Hand, dass sich das gesamte Spektrum einer komplexen Persönlichkeit mit all seinen Feinheiten kaum erfassen und abbilden lässt. Dadurch soll ausdrücklich niemandem seine Einzigartigkeit abgesprochen werden, schließlich schlägt sich das Unikum eines Menschen nicht zuletzt auch in der spezifischen Zusammensetzung der einzelnen Merkmalsausprägungen nieder.

[21] Die Berechnung der Ego-Homophilie wird im Zusammenhang mit der Bestimmung des Signifikanzniveaus benötigt (vgl. Kapitel 7.2.4).

In diese Berechnung des Kollektivindex fließt die addierte Outdegree Kantenanzahl aller Gruppenmitglieder ein. Eine Normalisierung in Bezug auf die Gruppengröße ist hier sinnvoll, um die Vergleichbarkeit verschiedener Kollektive zu gewährleisten.
Zum besseren Verständnis und zur Erleichterung des Leseflusses werden die Homophiliewerte im Folgenden klar eingeteilt und benannt. Von baseline Homophilie sprechen wir, wenn der normalisierte Homophiliewert zwischen -0,03 und 0,03 liegt. Zur genaueren Ausdifferenzierung der Ergebnisse wird die inbreeding Homophilie weiter unterteilt in „schwache“ und „starke“ inbreeding Homophilie. Von schwacher inbreeding Homophilie sprechen wir, wenn der normalisierte Homophiliewert zwischen 0,03 und 0,30 liegt. Alle Werte über 0,31 werden als starke Homophilie bezeichnet. Liegt der normalisierte Wert unter null, so folgt die Netzwerkstruktur keiner homophilen Ordnung (vgl. Kapitel 4.3.3).

7.2.4 Die Signifikanz der ermittelten Homophilie

Um auszuschließen, dass der im vorigen Schritt berechnete Kollektiv-Homophiliewert dem Zufall unterliegt, wird dessen Signifikanz geprüft. In der mathematischen Definition der Homophilie ist bereits ein Wert angegeben, der einer zufälligen Verteilung der Freundschaftsbeziehungen entspricht: Die baseline Homophilie (vgl. Kapitel 4.3.4). Sollte der Homophiliewert (H_i) also im Bereich um null liegen, wären die Verbindungen bezüglich eines Merkmals gleichmäßig über das Netzwerk verteilt. Trotzdem können die Werte nur zufällig im Bereich um null liegen. Die Nullhypothese lautet also:

> ***Nullhypothese:*** Die Merkmale sind im Netzwerk zufällig auf deren Träger (Akteure) und somit auch auf die Freundschaften (Kanten) verteilt.

Im Gegensatz dazu steht die Alternativhypothese, welche besagt dass die Merkmalsausprägungen der Personen Einfluss auf die Netzwerkstruktur nehmen.[22] Die Alternativhypothese lautet also:

> ***Alternativhypothese:*** Die Merkmale nehmen Einfluss auf Bildung und/oder Aufrechterhaltung von Freundschaften (Kanten).

Bei der Nullhypothese wäre also der Homophiliewert gleich Null. Bei der Annahme der Alternativhypothese, wäre er größer Null.

---

22 Die Reihenfolge der Einflussnahme kann nicht genau benannt werden (vgl. Kapitel 3.2).

Da sich bei der Berechnung der Kollektiv-Homophilie maximal vier Werte[23] ergeben, gestaltet sich ein Signifikanztest schwierig. Dieses Problem wird durch das Heranziehen der Ego-Homophiliewerte gelöst. Der Homophilieindex, wie er in Kapitel 4.3.2 genannt wurde, lässt sich analog zur Gruppe für jeden einzelnen Akteur berechnen. Die Signifikanzen werden also auf der Analyse-Ebene des Ego-zentrierten Netzwerkes ermittelt. Hierbei werden die Beziehungen von jedem Ego zu allen Alteri betrachtet (vgl. Kapitel 1.4).
Der Ego-Homophilieindex gibt an, wie hoch der Anteil der gewählten Freunde (Outdegree) im Egonetzwerk ist und welche der Freunde die gleiche Merkmalsausprägung haben wie Ego (s_{iEgo}) im Vergleich zu Akteuren mit anderen Merkmalsausprägungen (d_{iEgo}). Daraus ergibt sich die Formel für die Homophilie der einzelnen Egos (H_{iEgo}).

Formel 8: Ego-Homophilieindex

$$H_{iEgo} = \frac{s_{iEgo}}{(s_{iEgo}) + (d_{iEgo})}$$

Auf eine Normalisierung der Werte in Bezug auf die Gruppengröße kann im Rahmen unserer Studie verzichtet werden, da ein Vergleich nur innerhalb des gesamten Netzwerkes stattfindet. Der Ansatz der Bildung des Ego-Homophilieindex bietet den Vorteil, dass sich durch die große Fallzahl eine Signifikanz errechnen lässt: Hierbei kann man auf die Gesamtheit aller Fälle zurückgreifen (N=87).
Mathematisch hängen die beiden Werte zusammen, ergeben jedoch nur ein ähnliches Ergebnis. Addiert man die Homophiliewerte der einzelnen Akteure und bildet daraus den Durchschnitt, entspricht das Ergebnis nicht exakt dem der Gruppen-Homophilie - lediglich eine Annäherung ist möglich. Dies liegt vor allem daran, dass Kanten zu Akteuren mit einer abweichenden Merkmalsausprägung (d_{iEgo}) über- beziehungsweise untergewichtet werden (vgl. Currarini/Jackson/Pin 2009: 8). Diese Über- beziehungsweise Untergewichtung gleicht sich jedoch in der Summe wieder aus. Somit gilt:

Formel 9: Das Verhältnis von Kollektiv-Homophilie und Ego-Homophilie

$$\frac{\sum H_{iKollektiv}}{N_{Kollektiv}} = \frac{\sum H_{iEgo}}{N_{Ego}}$$

23 Die maximale Anzahl von vier Kollektiven ist der Größe des untersuchten Netzwerkes geschuldet. Eine weitere Ausdifferenzierung erwies sich als anfällig für zufällige Schwankungen.

Aus diesem Grund lässt sich das Signifikanzniveau der Kollektive über die Berechnung der Signifikanz der gesamten Egos bestimmen.
Die persönlichen Homophiliewerte dienen also als Grundlage zur Berechnung des Signifikanzniveaus. Um diesen Schritt zu vollziehen, müssen die im Vorfeld genannten Hypothesen verfeinert werden. Nach der Theorie der Homophilie sollte ein positiver Zusammenhang zwischen Freundschaftsstärke und Homophilie bestehen. Der Homophilieindex eines Akteurs sollte folglich zwischen dem Egonetzwerk seiner neutralen Mitschüler und dem Egonetzwerk seiner engen Freunde steigen. Unsere These lautet:

> ***Alternativhypothese (spezifiziert):*** Der Anteil der Freundschaften (Kanten) zwischen merkmalsgleichen Akteuren steigt bei engen Freundschaften an.

Die Annahme ist also, dass die Werte der Ego-Homophilie sich bei einer zunehmenden Freundschaftsintensität erhöhen. Auf Signifikanz überprüfen lässt sich dies, indem man die persönlichen Homophiliewerte aus dem engen Freundschaftsnetzwerk mit denen im neutralen Netzwerk vergleicht. Bei den erhobenen Daten kann man nicht davon ausgehen, dass eine Normalverteilung vorliegt.[24] Dies folgt logisch der Grundaussage der Homophilie. Erwartet wird eine linksschiefe Verteilung des Homophilieindizes. Das bedeutet die Homophiliewerte sind verschoben hin zu einer positiven Tendenz. Je stärker dieses Merkmal gegen 1 tendiert, desto ausgeprägter ist die Homophilie. Die umgekehrte Tendenz, Richtung -1, würde auf eine heterophile Ordnung deuten (vgl. Kapitel 4.3.8).
Zur Prüfung des Signifikanzniveaus eignet sich in diesem Falle der Wilcoxon-Test:

> *„Der Wilcoxon- Test ist der übliche Test zum nichtparametrischen Vergleich zweier abhängiger Stichproben. Er basiert auf einer Rangreihe der absoluten Wertepaardifferenzen" (Bühl 2010: 354).*[25]

Als abhängige Stichproben gelten in diesem Fall das neutrale Freundschaftsnetzwerk und das enge Freundschaftsnetzwerk. Anschließend berechnet der Wilcoxon-Test die paarweise Abweichung und ermittelt die Richtung eben dieser. Bei einer signifikanten Abweichung nach oben und den entsprechenden IH_i-Werten ist damit eine signifikante Homophilie gegeben.

---

24 Zu demselben Ergebnis kam der auf Normalverteilung prüfende K-S Test, der stichprobenartig an einigen Merkmalsausprägungen durchgeführt wurde.

25 Für eine genaue mathematische Darstellung und Diskussion von alternativen Tests siehe Bühl (2010: 354ff.).

Die Signifikanzen werden merkmalspezifisch angegeben, wobei ein Signifikanzniveau von 0,05 als signifikant gilt, 0,01 und weniger gilt als hohe Signifikanz und ab 0,001 gilt der Wert als höchst signifikant[26]. Auf Grund der im Vorfeld genannten Zusammenhänge lässt sich das ermittelte Signifikanzniveau der Ego-Homophilie auf die Kollektiv-Homophilie übertragen.

[26] Diese Werte entsprechen der Konvention.

8 Datenauswertung und Ergebnisse

Die Erhebungsgruppe umfasst sämtliche Schüler einer zwölften Stufe eines allgemeinen Gymnasiums in einem als beliebt geltenden Viertel der Frankfurter Innenstadt. Auch die Schule genießt einen guten Ruf.[27] Die Oberstufe der Schule (Stufe 12 bis 13) bereitet die Schüler auf die abschließende Reifeprüfung vor, mit der der höchste Schulabschluss im deutschen Schulsystem erlangt wird, das Abitur. Während in der Unter- und der Mittelstufe der Unterricht klassenweise stattfindet, werden die Schüler der Oberstufe in Kursverbänden nach eigens gewählten Leistungs- und Grundkursen unterrichtet.

Von 97 Schülern sind zwei Testpersonen zwar namentlich auf der Stufenliste aufgeführt, zum Zeitpunkt der Erhebung allerdings nicht mehr in der Stufe und acht weitere waren zum Zeitpunkt der Erhebung nicht anwesend[28] und haben die Möglichkeit den Fragebogen zu einem späteren Zeitpunkt auszufüllen nicht wahrgenommen. Folglich findet die Auswertung mit 87 validen Testpersonen statt. Diese sind zwischen 17 und 19 Jahre alt (im Durchschnitt17,6 Jahre) und besuchen diese Schule überwiegend (68%) seit der fünften Klasse, also seit Beginn der weiterführenden Schule. Die Jahrgangsstufe setzt sich zusammen aus 50 weiblichen und 37 männlichen Schülern, die überwiegend im näheren Umkreis der Schule wohnhaft sind.

Die Auswertung gliedert sich anhand der Überprüfung der leitenden Fragestellung. Hierzu werden die einzelnen Homophiliemerkmale kollektivspezifisch in der Reihenfolge der für die USA wichtigsten Komponenten überprüft, wie sie in Kapitel 4.4 vorgestellt wurden. Diese Merkmale werden in Anlehnung an die Kategorisierung von McPherson, Smith-Lovin und Cook (2001) gebildet (vgl. Kapitel 4.4). Durch die Merkmale ethnische Herkunft, Geschlecht, Religion, Beruf, soziale Schicht, Freizeitgestaltung, Internetnutzung, Rauchen, Alkoholkonsum, Werte und Ziele wird der sozialpsychologische Aspekt der Freundschaftsgenese berücksichtigt. Eine Ergänzung um den sozialstrukturellen Aspekt findet über die drei Merkmale Wohnort, Organisationen und Schulkurs statt. Auf die ergänzenden Forschungsfragen wird im Anschluss eingegangen.

---

27 Der Name der Schule und der des dazugehörigen Stadtteils werden Gründen des Datenschutzes nicht genannt.

28 Insgesamt waren zehn Studienteilnehmer am Tag der Erhebung nicht anwesend. Zwei von ihnen ließen uns den Fragebogen nachträglich ausgefüllt zukommen.

8.1 Ethnische Herkunft

Ergebnisse von US-amerikanischen Studien zeigen, dass „race and ethnicity" in den Vereinigten Staaten als stärkstes Homophiliemerkmal auftritt (vgl. Kapitel 4.4.1). Auch in Deutschland ist Migration ein großes Thema: Hierzulande hat jeder fünfte Einwohner einen Migrationshintergrund (vgl. statistisches Bundesamt 2010). In Bezug auf das Homophiliekonzept spielen vor allem die Auswirkungen der ethnischen Herkunft auf die Persönlichkeitsstruktur eine Rolle. In diesem Sinne wird davon ausgegangen, dass die Akteure eine gewisse Verbindung zu ihrem Heimatland haben, zum Beispiel zu dessen Kultur.

8.1.1 Fragestellung

Schwierigkeiten wirft die Frage nach der Definition eines Migrationshintergrundes auf. Die Definition des statistischen Bundesamtes umfasst Eingebürgerte, Vertriebene, Aussiedler, Spätaussiedler, Asylbewerber und Ausländer bis in die dritte Generation.[29] Für die im Rahmen dieser Studie durchgeführte Befragung wird die Definition von „Migrationshintergund" in Anlehnung an die des statistischen Bundesamtes definiert. Um den gesetzten Zeitrahmen bei der Datenerhebung einhalten zu können, erfolgt die Erhebung der ethnischen Herkunft bis in die zweite Generation. Eine Verbindung zum ursprünglichen Heimatland sehen wir zum einen vermittelt bei Personen mit eigener Migrationserfahrung und zum anderen mittelbar bei Einwanderern, die in zweiter Generation in Deutschland leben.

Bei der Datenerhebung wird zwischen deutschen Staatsbürgern, die in Deutschland geboren sind, deutschen Staatsbürgern mit Geburtsort in einem anderen Land und ausländischen Staatsbürgern differenziert. In diese Kategorien ordneten die Schüler sich selbst sowie ihre Eltern ein. Die Erhebung ist auf Basis der Fragestellungen der Shell Jugendstudie konzipiert. Diese wurden um die halboffene Frage nach dem betreffenden Heimatland erweitert.

8.1.2 Ergebnis

Bei der Auswertung der Daten wird denjenigen Schülern ein Migrationshintergrund zugeschrieben, die, unabhängig von deren Staatsbürgerschaft, selbst nichtdeutscher Herkunft sind oder deren Eltern immigriert sind. In seltenen Fällen

[29] Vgl. §6 Satz 2 Verordnung zur Erhebung der Merkmale des Migrationshintergrundes Migrationshintergrund-Erhebungsverordnung – MighEV vom 29. September 2010, BGBl. I, Seite 1372f.

kam es vor, dass Studienteilnehmer mehrere Länder nannten, beispielsweise wenn ein Elternteil aus einem anderen Staat immigrierte als das andere Elternteil, oder wenn der Geburtsort des Schülers von dem der Eltern abweicht. Diesen Schülern wird per Zufallsverfahren eines der Länder aus ihren Angaben zugewiesen.
Die Auswertung wird unter zwei verschiedenen Gesichtspunkten vorgenommen. Zum einen wird bereits der Migrationshintergrund für sich genommen als Homophiliemerkmal gewertet. Es wird also prinzipiell zwischen Allochthonen[30] und Autochthonen[31] unterschieden. Zum anderen bildet die genaue ethnische Herkunft, dass heißt die expliziten Heimatländer, eigene Kategorien.

8.1.3 Migrationshintergrund: Ergebnis und strukturelle Interpretation

Zur schlichten Unterscheidung zwischen Migranten und Nicht-Migranten wird die Variable „Migrationshintergrund“ dichotomisiert: Damit werden die Allochthonen und Autochthonen in zwei Kollektive getrennt. Abzüglich einer Testperson von der keine Angaben vorliegen, ergeben sich zwei etwa gleich große Kollektive.
In der Netzwerkstruktur enger Freunde zeigt sich für beide Ausprägungen eine etwa gleich schwache inbreeding Homophilie, die hoch signifikant ist. Sowohl die allochthonen (IH_i=0,16) als auch die autochthonen (IH_i=0,17) Schüler tendieren dazu, bevorzugt innerhalb des eigenen Kollektivs Freundschaften zu schließen. Bei der Betrachtung des Netzwerkes von regulären Freunden mit Migrationshintergrund fällt auf, dass der normalisierte Wert der inbreeding Homophilie rasant nach oben steigt: IH_i=0,37. Die Homophilie der Autochthonen hingegen sinkt extrem (IH_i=-0,33). Hier lässt sich nicht länger von einer homophilen Struktur sprechen.
Die Schüler mit Migrationshintergrund sind also eher mit denjenigen befreundet, die ähnliche Erfahrungen gemacht haben. Dieses Merkmal spielt bei weniger engen Freunden eine größere Rolle als bei engen Freunden. Die engen Freunde der Autochthonen stammen überwiegend aus Deutschland. Die Herkunft ihrer regulären Freunde ist jedoch unbedeutend. Diese Ergebnisse sind signifikant und lassen den Schluss zu, dass der Migrationshintergrund an sich bereits als Homophiliemerkmal zu werten ist.

---

30 Als Allochthone werden in den Sozialwissenschaften Menschen fremder Herkunft oder Abstammung bezeichnet.

31 Als Autochthone werden in den Sozialwissenschaften Menschen einheimischer Herkunft oder Abstammung bezeichnet.

8.1.4 Ethnische Herkunft: Ergebnis und strukturelle Interpretation

In diesem Kapitel wird die Gruppe der Schüler mit Migrationshintergrund weiter ausdifferenziert: Im Mittelpunkt der Betrachtung steht die explizite ethnische Herkunft. Insgesamt haben die Schüler Wurzeln in 30 verschiedenen Ländern, Deutschland mitgezählt. Die Hälfte der Jahrgangsstufe ist ursprünglich in Deutschland beheimatet. Die Schüler ausländischer Herkunft stellen in sich eine sehr heterogene Gruppe dar: 41 Schüler haben einen Migrationshintergrund aus 24 verschiedenen Staaten. Das größte Kollektiv der Migranten bilden mit acht Schülern die Türkischstämmigen. Das zweitgrößte Kollektiv formieren vier Schüler mit spanischem Migrationshintergrund, dichtgefolgt vom nächstgrößeren Kollektiv von drei Schülern mit französischem Migrationshintergrund. Jeweils zwei Studienteilnehmer stammen ursprünglich aus fünf weiteren Ländern (Afghanistan, Belgien, Italien, Kroatien und Polen) und die 16 übrigen Schüler haben Wurzeln in 16 verschiedenen Staaten.
Angesichts dieser Häufigkeitenverteilung erscheint eine Betrachtung von allen 25 verschiedenen Merkmalsausprägungen wenig sinnvoll, da die einzelnen Fallzahlen zu niedrig sind. Aus diesem Grund wird der Fokus auf vier Nationalitäten gelegt, die in Tabelle 3 aufgelistet sind. Das Kollektiv der Autochthonen wird beibehalten und die drei größten Kollektive der Allochthonen werden selektiert.

Tabelle 3: Häufigkeitenverteilung ethnischer Herkunft bei selektierten Gruppen

Gruppenselektion

		Häufigkeit	Prozent	Gültige Prozente	Kumulierte Prozente
Gültig	Deutschland	45	51,7	51,7	82,8
	Türkei	8	9,2	9,2	100,0
	Spanien	4	4,6	4,6	90,8
	Frankreich	3	3,4	3,4	86,2
	andere Länder	27	31,0	31,0	31,0
	Gesamt	87	100,0	100,0	

Im Netzwerk enger Freunde sind drei der vier Merkmalsauprägungen homophil strukturgebend. Unter den Autochthonen, den Schülern mit spanischer und denen mit türkischer Herkunft herrscht jeweils eine inbreeding Homophilie. Besonders unter den türkischstämmigen Schülern zeigt sich eine starke inbreeding Homophilie (IH_i=0,33). Lediglich unter den drei französischstämmigen Schülern besteht keine einzige Freundschaftsbeziehung. Ein Erklärungsansatz hierfür wurde im Theorieteil dieser Arbeit bereits genannt: kleinere ethnische Gruppierungen schließen sich der Hauptgruppe an (vgl. Kapitel 4.4.1). Betrachtet man die deutsch-französischen und die deutsch-spanischen Freundesbeziehungen, also die Freundschaften der beiden kleinsten Kollektive zum Hauptkollektiv, so bestätigt sich diese Ordnung in beiden Fällen. Sowohl die Studienteilnehmer aus Frankreich (60% aller Beziehungen) als auch die Studienteilnehmer aus Spanien (50% aller Beziehungen) tendieren in ihrer Freundeswahl stark zu den deutschen Mitschülern. Im erweiterten Freundschaftsnetzwerk zeigen sich nur noch die türkischstämmigen Schüler homophil in ihrer Freundeswahl (IH_i=0,13). Die Ergebnisse sind höchst signifikant.

8.1.5 Zusammenfassung

In den letzten Abschnitten konnte gezeigt werden, dass der Migrationshintergrund für sich genommen als Homophiliekriterium gewertet werden kann. Allochthone tendieren in beiden Freundschaftsnetzwerken dazu, sich mit ähnlichen Schülern anzufreunden. Auf die Schüler deutscher Herkunft trifft diese Beobachtung im engsten Freundeskreis zu. Des Weiteren fällt auf, dass die größte Gruppe der Einwanderer bei der Freundeswahl Schüler mit derselben nationalen Herkunft präferieren. Kleinere Gruppen schließen sich der Hauptgruppe an, in diesem Fall den autochthonen Jugendlichen.
Die multikulturelle Zusammensetzung der Schulstufe scheint trotz allem jedoch insgesamt keinen sehr starken Einfluss auf die Freundesstrukturen zu haben. Die ethnische Herkunft spielt bei der Freundeswahl also keine so übergeordnete Rolle wie beispielsweise in den USA (vgl. Kapitel 4.4.1). Dies lässt sich auf die hohe Heterogenität und die niedrige Kollektivzahl der ethnischen Zusammensetzung der Stufe zurückführen. Anderen Komponenten, zum Beispiel Geschlecht, ist eine weitaus höhere Bedeutung bei der Freundschaftsgenese zuzuschreiben.

8.2 Geschlecht

Das Geschlecht[32] gilt als ein Faktor, der auf soziale Netzwerke einen stark strukturierenden Effekt ausübt (vgl. Kapitel 4.4.1). In einer traditionell bürgerlichen Gesellschaft konnten noch strukturelle Gegebenheiten als Begründung hierfür dienen (vgl. McPherson et al. 2001: 422f.). Die meisten Männer trafen im Job auf

---

32 Mit „Geschlecht" ist in diesem Zusammenhang das biologische Geschlecht gemeint. Von einer Gender-Diskussion wird hier abgesehen (Geschlecht als diskursiver Begriff, vgl. z.B. Butler 1991), da dies nicht Gegenstand dieser Arbeit ist.

überwiegend männliche Arbeitskollegen und Frauen trafen im Alltag auf andere (Haus-)Frauen und Mütter. Abgesehen davon, dass die Rollenverteilung unter den Geschlechtern nicht mehr so starr ist, haben die Studienteilnehmer der Untersuchungsgruppe ausreichend Gelegenheit gleichermaßen auf beide Geschlechter zu treffen: In der Schule erwarten sie sowohl männliche als auch weibliche Mitschüler. Durch diesen Umstand kann die strukturelle Erklärung als aufgehoben gewertet werden. Gleichzeitig rückt ein sozialpsychologischer Ansatz in den Fokus.

> *„Da Kinder in unterschiedlichen Entwicklungsphasen […] unterschiedliche Interessen entwickeln, ist es wahrscheinlich, dass sich die Interessen von Jungs und Mädchen in altershomogenen Schulklassen voneinander unterscheiden." (Mäs/Knecht 2008: 375)*

Mäs und Knecht treffen diese Voraussage für Schüler im Alter von zwölf Jahren. Dieser Effekt kann auch auf Schüler der zwölften Jahrgangsstufe übertragen werden, da diese sich noch in der Adoleszenz[33] befinden und ihre Entwicklung somit noch nicht abgeschlossen ist (vgl. Kapitel 6.1). Die Hypothese liegt nahe, dass das Geschlecht als Homophiliemerkmal implizit weitere Merkmale beeinflusst, wie beispielsweise Freizeitgestaltung oder Verhalten.

8.2.1 Fragestellung

Die Operationalisierung gestaltete sich unkompliziert: Im Fragebogen wurde das Geschlecht direkt abgefragt. Die Studienteilnehmer hatten die Möglichkeit ihr Kreuz bei „männlich“ oder bei „weiblich“ zu setzen.

8.2.2 Ergebnis

Alle 87 Testpersonen gaben Auskunft über ihr Geschlecht: Die Jahrgamgsstufe setzt sich aus 37 männlichen und 50 weiblichen Schülern zusammen.

8.2.3 Strukturelle Interpretation

Für enge Freundesbeziehungen ist das Geschlecht des Interaktionspartners sehr wichtig. Sowohl unter den Männern als auch unter den Frauen besteht eine starke inbreeding Homophilie (IH_i=0,58). Mit Abnahme der Freundschaftsintensität sinkt auch der Homophiliewert. Aber auch reguläre Freunde zeigen sich noch stark homophil in ihrer Freundeswahl ($IH_{Männer}$=0,28; IH_{Frauen}=0,20). Insgesamt

---

33 Adoleszenz-Begriff nach Grob/Jaschinski (2003: 19).

beeinflusst das Homophiliemerkmal Geschlecht die Netzwerkstruktur also deutlich. Zudem ist es höchst signifikant. Folglich spielt das Geschlecht bei der Freundeswahl eine bedeutende Rolle. McPherson, Smith-Lovin und Cook verweisen zur Begründung hoher Geschlechtshomophilie darauf, dass Kinder bereits in geschlechtsgetrennten Gruppen spielen (vgl. Kapitel 4.4.1). Sie sehen darin folgenden Effekt: „Their worlds become gender segregated" (McPherson et al. 2001: 423).

8.3 Religion

Die Forschungsgruppe Weltanschauungen in Deutschland (fowid) veröffentlichte 2011 einen Bericht, der zeigt, dass immer mehr Deutsche keiner Religion zugehörig sind (vgl. fowid 2011). Der Anteil der Konfessionsfreien stieg von 1999 bis 2008 von 22% auf 34% der Bevölkerung. Diese Zahlen sprechen für eine zunehmende Säkularisierung der Gesellschaft. Scherr zeigt auf, dass auch unter Jugendlichen ein Wandel seit den 1960er Jahren stattfand. War damals der wöchentliche Kirchenbesuch noch weit verbreitet, ist der heutige Umgang mit der Religion ein pragmatischer:

> *„Gottesdienste werden eher selten besucht, kirchliche Dienste werden vor allem bei Taufen, Hochzeiten und Beerdigungen in Anspruch genommen." (Scherr 2009: 159)*

Nach dieser Argumentation liegt die Vermutung nahe, dass sich die Religionszughörigkeit in der jungen Untersuchungsgruppe als wenig strukturierend erweisen sollte.

Auf der anderen Seite beinhaltet die Glaubensrichtung implizit die Vermittlung bestimmter Wertvorstellungen und Gebote. Aus der soziologischen Perspektive sind Religionen Weltanschauungen mit moralischen Überzeugungen und Ethiken der alltäglichen Lebensführung (vgl. Knoblauch 1999: 23). Ob und inwieweit die Religion der Studienteilnehmer bei der Freundschaftsgenese eine Rolle spielt, wird im Folgenden untersucht.

8.3.1 Fragestellung

Den Schülern wurde im Fragebogen die Möglichkeit gegeben, sich zu einer der folgenden Religionen explizit zugehörig zu zeigen: „katholisch", „evangelisch", „evangelische Freikirche", „Islam". Diese sind die in Deutschland am häufigsten vertretenen Glaubensrichtungen.[34] Wenn sich ein Studienteilnehmer zu einer nicht aufgelisteten Religion bekennen wollte, gibt es die Auswahlmöglichkeit „andere Religion" mit der Möglichkeit, diese im Freitext zu benennen. Zudem konnten die Schüler angeben, keiner Religion anzugehören sowie keine Angabe machen zu wollen. Um die subjektive Bedeutung der jeweiligen Religion für die Schüler einschätzen zu können, wurde ergänzend gefragt ob die im Vorfeld genannte Religion aktiv praktiziert wird. Zur Antwort standen drei Möglichkeiten: „ja", „nein" und „gelegentlich".

8.3.2 Ergebnis

Als Homophiliemerkmal wird die Zugehörigkeit zu verschiedenen Religionen gewertet. Um die Ergebnisse zu verdeutlichen, werden in einem zweiten Schritt diejenigen Studienteilnehmer extrahiert, die die angegebene Konfession praktizieren. Als aktiv Praktizierende werden solche Testpersonen gewertet, die die Frage nach der Ausübung mit „ja" oder mit „gelegentlich" beantwortet haben.

---

[34] Berücksichtigt wurden alle Religionen mit mindestens 7-stelligen Mitgliederzahlen in Deutschland (katholisch, evangelisch, Islam vgl. Remid: 2011)

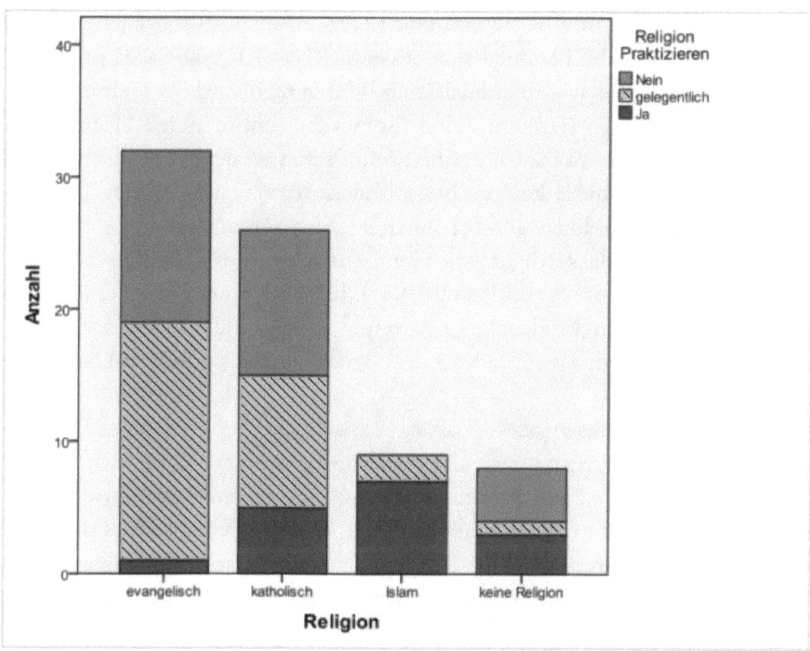

Abbildung 15: Die Religionszugehörigkeit mit der praktizierten Religion

Drei Schüler machten keine Angabe bezügliche ihrer Religionszugehörigkeit. Drei weitere Schüler fühlten sich jeweils einer nicht gelisteten Religion zugehörig. Da diese jeweils eine andere Religion nannten, werden sie aufgrund der niedrigen Fallzahlen in der weiteren Auswertung nicht berücksichtigt. Es wird davon abgesehen, diese mit anderen Religionen zusammenzufassen, denn die explizite Nennung einer weiteren Konfession wird so interpretiert, dass sich diese Person zu keiner der aufgelisteten Religionen zugehörig fühlt.
Die somit verbleibenden 81 Schüler verteilen sich wie folgt: Das größte Kollektiv (N_i=32) stellen die evangelischen Schüler dar, von ihnen sind 19 praktizierend. Die Katholiken sind mit 26 Studienteilnehmern vertreten, von denen 15 Schüler diese Religion ausüben. Neun Schüler sind Muslime, allesamt praktizierend, und 14 Schüler fühlen sich keiner Religion zugehörig. „Konfessionslos" wird im Folgenden als ein gleichwertiges Kollektiv behandelt.

8.3.3 Strukturelle Interpretation

Im Netzwerk enger Freunde lässt sich unter den Katholiken (IH_i=-0,01), den Protestanten (IH_i=0,06) und den Konfessionslosen (IH_i=0,07) eine baseline bis schwache inbreeding Homophilie ermitteln. Lediglich die muslimischen Schüler zeigen sich stark homophil bei der Freundeswahl (IH_i=0,36). Diese Homophilie nimmt analog zur Freundschaftsintensität ab. Unter regulären Freunden islamischer Glaubensrichtung herrscht eine schwache inbreeding Homophilie (IH_i=0,11). In diesem Netzwerk folgen die Freundschaften der evangelischen und der konfessionslosen Schüler keinem homophilen Muster, wohingegen die Homophiliewerte der Katholiken auf 0,12 ansteigen. Insgesamt lassen sich diese Werte so interpretieren, dass lediglich die Glaubensrichtung des Islam einen strukturierenden Einfluss auf die Freundeswahl hat. Die Homophiliewerte der anderen Religionen erwecken den Eindruck, als könnten diese zufällig entstanden sein. Diese Interpretation wird vom Ergebnis des Signifikantestes gestützt: Die Werte sind nicht signifikant.

Ein inhaltlicher Erklärungsansatz hierfür ist, dass die Studienteilnehmer ihre Religionszugehörigkeit subjektiv als weniger wichtig empfinden. Somit können sie sich mit dieser nicht vollständig identifizieren und ihre religiöse Weltanschauung wird in Folge dessen nicht nach außen vermittelt. Um die Daten hinsichtlich dieser Hypothese zu entzerren, wird die Religionszugehörigkeit mithilfe der weiterführenden Fragestellung nach der aktiven Ausübung weiter manifestiert. In einem zweiten Schritt wird der Fokus auf diejenigen Schüler gelegt, die die angegebene Religion tatsächlich praktizieren.

8.3.3.1 Praktizierte Religion

Die Reduzierung der Kollektive auf die praktizierenden Religionsmitglieder trägt maßgeblich zur Klarheit der Homophilie-Ergebnisse im Netzwerk bei. Die bisherige starke inbreeding Homophilie unter den islamischen Schülern verstärkt sich weiter (IH_i=0,71). Dieses Ergebnis lässt sich darauf zurückführen, dass 100% der Muslime ihre Religion aktiv praktizieren. Interessant ist die Betrachtung der beiden christlichen Glaubensrichtungen. Nach der Bereinigung der Daten zeigt sich bei den Christen eine schwache inbreeding Homophilie ($IH_{katholisch}$=0,16; $IH_{evangelisch}$=0,25). Die Methode der Filterung der jeweils aktiv Gläubigen aus den verschiedenen Religionen erweist sich als sinnvoll: Die anfangs unklaren Ergebnisse erweisen sich als signifikant.

Die Ergebnisse lassen den Schluss zu, dass die Religion bei der Freundeswahl nach wie vor eine Rolle spielt. Allerdings hauptsächlich unter den Schülern, die ihre Glaubensrichtung aktiv praktizieren. Die auffallend hohen Homophiliewerte der Muslime korrelieren mit einem anderen Homophiliemerkmal: dem ethnischen Hintergrund. 78% der aktiven Muslime haben einen türkischen Migrationshintergrund und andersherum sind 88% der türkischstämmigen Schüler Moslems.

8.4 Beruf

Im Theorieteil dieser Forschungsarbeit wurden nach der Merkmalszuordnung von McPherson, Smith-Lovin und Cook (2001) Bildung, Beruf und soziale Schicht gesammelt als eine Komponente des Homophiliemodells dargestellt. Im folgenden empirischen Teil werden diese Faktoren separat für sich ausgewertet um einen Anspruch an Genauigkeit beizubehalten.

8.4.1 Fragestellung

In erster Linie ist der Beruf der Studienteilnehmer natürlich „Schüler". Aus diesem Grund wurde erhoben, ob die Schüler einen Nebenjob ausüben. Um den Nebenjob der Schüler zu ermitteln wurde die Frage „Jobbst du in deiner Freizeit gegen Bezahlung?" gestellt. Dies konnten die Studienteilnehmer entweder bejahen oder verneinen. Ferner wurde zudem die Regelmäßigkeit des Jobs erhoben, um eine genaueres Bild der Nebentätigkeit zu erlangen. Hierbei konnten die Schüler angeben, wie viele Stunden pro Woche sie arbeiten, oder ob es sich um eine unregelmäßige Tätigkeit handelt.

8.4.2 Ergebnis

Von 87 Schülern sind 35 ohne berufliche Tätigkeit. Von den 52 Schülern mit Nebenjob üben knapp ein Viertel (N_i=18) diesen unregelmäßig aus. Die übrigen 34 Nebenjobber verbringen zwischen einer und 16 Stunden pro Woche an ihrem Arbeitsplatz. Zur weiteren Datenverarbeitung werden die Schüler in drei Kollektive klassifiziert: Schüler ohne Nebenjob, Nebenjobber mit unregelmäßigen Arbeitszeiten und Nebenjobber mit regelmäßigen Arbeitszeiten.

8.4.3 Strukturelle Interpretation

Im Netzwerk enger Freundschaften lässt sich eine schwache, dafür aber hoch signifikante inbreeding Homophilie erkennen: Der normalisierte Homophiliewert beträgt bei den regelmäßigen Jobbern 0,06. Auch die Werte für die unregelmäßigen Jobber sowie die Werte für die Nicht-Jobber liegen im Bereich der schwachen inbreeding Homophilie (IH_i=0,20 beziehungsweise IH_i=0,19). Mit Erweiterung des Freundschaftsnetzwerks sinkt die homophile Ordnung auf baseline Niveau (unregelmäßige Jobber und Schüler ohne Job) beziehungsweise verschwindet ganz (Jobber). Für das Kollektiv der regelmäßigen Jobber spielt der Beruf also nur eine sehr geringe bis keine Rolle bei der Freundeswahl, für alle anderen Schüler eine eher untergeordnete Rolle.

Ein möglicher Interpretationsansatz ist, dass die Schüler ohne regelmäßigen Job schon aus strukturellen Gründen eher mit Ihresgleichen befreundet sind. Schüler, die regelmäßig neben der Schule einer beruflichen Tätigkeit nachgehen, haben schlichtweg weniger freie Zeit für soziale Ereignisse, als Schüler die keinem Nebenjob nachgehen. Dies ist allerdings eine spekulative Überlegung, die es noch zu begründen gölte. Festzuhalten bleibt, dass obwohl der Beruf aller Akteure in erster Linie „Schüler" ist, die Ausübung eines Nebenjobs Einfluss auf die Freundschaftsstrukturen der Akteure nimmt.

8.5 Soziale Schicht

Die soziale Schichtung erfolgt in der Soziologie zur Einteilung der Sozialstruktur der Gesellschaft (vgl. Geißler 2002: 110). Dabei gilt nach Geiger:

> *„Jede Schicht besteht aus vielen Personen (Familien), die irgendein erkennbares Merkmal gemein haben und als Träger dieses Merkmals einen gewissen Status in der Gesellschaft und im Verhältnis zu anderen Schichten einnehmen." (Geiger 1955: 186)*

Die Position in der sozialen Schicht hat Auswirkungen auf die derzeitige Situation und auf die Zukunftschancen des Individuums (vgl. Scherr 2009: 41). Ein einfaches Drei-Schichten-Modell definiert eine Unter-, eine Mittel, und eine Oberschicht.[35] Eine Schichtungsmethode ist die vertikale Gruppierung der Gesellschaft. Diese erfolgt über die

> *„[...] traditionelle vertikale Dimension der sozialen Ungleichheit, auf Unterschiede nach Berufsposition, Qualifikation oder ökonomische Lage [...]. Damit erfassen [die Schichtmodelle; Ergänzung der Autoren] von der Multidimensionalität der modernen Ungleichheitsstruktur nur eine, allerdings eine zentrale Dimension – die vertikale." (Geißler 2002: 112)*

Eine Zuordnung der Testpersonen nach Berufsposition erscheint wenig sinnvoll, da ihr Beruf „Schüler" ist (vgl. Kapitel 8.4.1). Der Aspekt der Qualifikation lässt sich für die Schüler in den Bildungsstand übersetzen. Auch die ökonomische Lage ist ein beachtenswerter Aspekt, da die Ungleichheit der Vermögensverhältnisse

---

35 Den Autoren ist bewusst, dass es komplexere und somit genauere Schichtmodelle gibt (einen Überblick gibt z.B. Burzan 2007). Zum Zweck der Überprüfung der Schicht als Homophiliemerkmal in der Fallstudie ist diese Dreiteilung allerdings vollkommen ausreichend.

auch Jugendliche betreffen, da diese überwiegend bei ihren Eltern wohnen und sich in deren finanzieller Abhängigkeit befinden (vgl. Scherr 2009: 41). Für unsere Fallstudie bedeutet dies, dass die soziale Schichtung der Schüler über den Bildungsstand, die finanzielle Situation der Eltern und die soziale Herkunft erfolgt.

8.5.1 Fragestellung

Die Operationalisierung der sozialen Schicht gestaltet sich aufwendig. Sie erfolgt über einen Index, in den diverse Faktoren zur Zuordnung der sozialen Schicht einfließen: Bildungsstand, soziale Herkunft und Einkommen. Das einleitend aufgeführte Kriterium „Stellung im Beruf" spielt für Schüler noch keine Rolle und wird somit vernachlässigt. Mit dieser Methode, des sozialen Schicht-Index, orientiert sich die vorliegende Studie an dem Auswertungsverfahren der Shell Jugendstudie. Der Index wird nach einem Punktesystem erstellt, das noch näher erläutert wird. Die Aufschlüsselung des sozialen-Schicht-Index befindet sich im Anhang (vgl. Anhang A: 1.5).

Auf Grund der Tatsache, dass alle Testpersonen Schüler derselben Schulstufe sind, wird von einem nahezu homogenen Bildungsstand innerhalb der Erhebungsgruppe ausgegangen. Die Erhebung der sozialen Herkunft, der zweite Faktor, erfolgt über den Bildungsstand der Eltern. Sowohl für den Vater als auch für die Mutter wurde der höchste Schulabschluss erfragt. Hierzu konnten die Schüler Angaben in vier Stufen machen: keinen Abschluss, einen Hauptschulabschluss, mittlere Reife oder Abitur. Zur Ermittlung der finanziellen Situation wurde den Studienteilnehmern die Möglichkeit gegeben diese subjektiv in fünf Abstufungen einzuordnen: von „sehr gut", zu „gut", über „teils/teils", zu „schlecht" bis „sehr schlecht". Weiterführend wird die finanzielle Situation außerdem durch die Einschätzung der Schüler im Vergleich zu Bekannten gesehen. Zu der Frage „Kannst du dir finanziell mehr oder weniger leisten als deine Freunde und Bekannten?" gibt es auch hier fünf vorgegebene Abstufungen: von „sehr viel mehr" bis hin zu „sehr viel weniger". Die vier Fragen nach der sozialen Herkunft und der finanziellen Situierung sind an die Shell Jugendstudie angelehnt.

8.5.2 Ergebnis

Wie bereits erwähnt, sind im Rahmen dieser Fallstudie bezüglich des Bildungsstands keine wesentlichen Unterschiede zu erwarten. Da dieser somit kein Unterscheidungsmerkmal darstellt, kann der Bildungsstand im Punktesystem vernachlässigt werden, ohne die Datenqualität zu mindern.

Zur Ermittlung der sozialen Herkunft wird der Bildungsstand der Eltern durch Addition zusammengefasst und das Ergebnis wird in drei Gruppen unterteilt: niedriger, mittlerer und hoher Bildungsstand. Unter der ersten Kategorie werden Eltern mit keinem beziehungsweise einem einfachen Schulabschluss zusammengefasst (N_i=6), zum mittleren Bildungsstand zählen Eltern, die beide jeweils mindestens einen Hauptschulabschluss haben (N_i=24) und in die letzte Gruppe fallen all diejenigen, unter denen mindestens ein Elternteil Abitur hat (N_i=54).
Der zweite Wert, die finanzielle Situation, berechnet sich nach dem gleichen Schema. Hier wird die Einschätzung der eigenen finanziellen Situation mit dem Abgleich der finanziellen Situation Anderer addiert und das Ergebnis sinnlogisch in drei Gruppen eingeordnet: gute, mittlere und schlechte finanzielle Situation. In die erste Gruppe fallen Schüler mit einer sehr guten bis guten finanziellen Situation, die sich „sehr viel mehr“ bis „viel mehr“ leisten können als ihre Bekannten (N_i=19). Die Studienteilnehmer der zweiten Gruppe sind mittel situiert (N_i=64). Unter den finanziell schlecht situierten werden die Testpersonen zusammengefasst, die angeben, ihre finanzielle Situation sei „schlecht“ bis „sehr schlecht“ und sie könnten sich darüber hinaus vergleichsweise „viel weniger“ bis „sehr viel weniger“ leisten (N_i=1).
Nach dem Vorbild der Shell Jugendstudie werden soziale Herkunft und finanzielle Situation im Verhältnis 2:1 gewichtet und hieraus wird der Index für die soziale Schicht gebildet. Die Studienteilnehmer unterliegen der klassischen Schicht-Dreiteilung. Zur Unterschicht werden die Testpersonen gezählt, deren Eltern einen niedrigen Bildungsstand haben und die sich in einer finanziell eher schlechteren Situation befinden (N_i=6). In der Mittelschicht ist sowohl der Bildungsstand der Eltern als auch die finanzielle Situation mittel (N_i=23). In die Oberschicht fallen Studienteilnehmer deren Eltern einen hohen Schulabschluss haben und deren finanzielle Situation als gut angegeben wurde (N_i=52).

8.5.3 Strukturelle Interpretation

Sortiert man die Akteure im engen Freundschaftsnetzwerk unter dem Merkmal „soziale Schicht“ lässt sich lediglich innerhalb der Mittelschicht eine schwache Homophilie vom inbreeding Typ (IH_i=0,08) feststellen. Die Freundschaftsstrukturen der Ober- und der Unterschicht folgen keiner homophilen Ordnung. Auch durch Hinzuziehen des erweiterten Freundschaftsnetzwerks wird keine Struktur ersichtlich, die sich sinnvoll interpretieren ließe. Die Ergebnisse erwecken beinahe den Anschein, als seien diese zufällig entstanden. Dieser Eindruck steht auf einer Linie mit dem Ergebnis des Signifikanztestes: die Homophiliewerte sind nicht signifikant.

Eine mögliche Fehlerquelle hierfür stellt der Index dar. Um eine etwaige Verzerrung durch die Bildung des Index auszuschließen, wird dieser in seine beiden Elemente unterteilt. Soziale Herkunft und finanzielle Situation werden einzeln in den Standartnetzwerken überprüft. Doch auch hier sind die Homophilie-Ergebnisse nicht eindeutig.
Ein weiterer Erklärungsansatz für die fehlende Homophilie ist, dass die Schüler im Punkt sozialer Schicht bereits eine relativ homogene Gruppe darstellen. Zur Verdeutlichung der sozialen Schichtung innerhalb der Schulstufe wurde durch die angewandte Methode eine künstliche Verteilungsveränderung der sozialen Schicht bewirkt. Das Bild der Stufe wurde quasi „auseinandergezogen". Erweitert man ausgehend von dem gesteckten Rahmen der Fallstudie die Grenzen der Betrachtung, das heißt unter Einbezug der Außenwelt in einer für Deutschland repräsentativen Stichprobe, sind die meisten Studienteilnehmer aufgrund ihres hohen Bildungsstandes in eher höheren Schichten zu erwarten. Was in diesem Kontext als „Unterschicht" betitelt wurde, könnte in einem erweiterten ganzheitlichen Zusammenhang vermutlich innerhalb der Mittelschicht angesiedelt werden. Die soziale Schicht zeigt sich unter den Schülern demnach als wenig relevant bei der Freundeswahl.

8.6 Freizeitgestaltung

Die Merkmale der nächsten vier Kapitel (Freizeitgestaltung, Internetnutzung, Rauchen und Alkoholkonsum) lassen sich der Homophiliekategorie „Verhaltensweisen und Freizeitgestaltung" zuordnen. Im theoretischen Teil dieser Arbeit wurde bereits beschrieben, dass vor allem Jugendliche ihre Freunde nach ähnlichen Verhaltensgewohnheiten suchen (vgl. Kapitel 4.4.1). In diesem Teil der Auswertung wird diese These überprüft. Zusätzlich wird ein Vergleich angestellt, ob und welche Formen der Freizeitgestaltung überdurchschnittlich Homophilie stiftend sind. Dabei ist es besonders interessant, zwischen Aktivitäten die man gemeinsam unternehmen kann und solchen die eher individuell ausgeführt werden zu unterscheiden. Bei gemeinschaftlichen Aktivitäten wäre zu vermuten, dass diese einen höheren Grad an Homophilie schaffen, als solche die individuell sind und bei denen so nur ein individuelles Interesse an einem Erfahrungsaustausch bestünde. Beispielsweise kann man Teamsportarten nur in einer Gruppe ausüben, während das Lesen im Gegensatz zu einer gemeinsamen Aktivität ein gemeinsames Interesse darstellt.

8.6.1 Fragestellung

Die Fragestellung wurde auch aus der Shell Jugendstudie übernommen. Hier werden die häufigsten Freizeitgestaltungsmöglichkeiten von Jugendlichen abgefragt. Dies geschieht mithilfe einer fünfstufigen Skala die von „mehrmals täglich" (1) bis hin zu „nie" (5) reicht.
Insgesamt besteht der Frageblock aus 18 Items. Einige dieser Items werden sinnlogisch in Freizeitaktivität-Kategorien zusammengefasst, um die Auswertung zu erleichtern. Beispielsweise werden „Sport in der Freizeit" und „Vereinssport" in einer Kategorie gruppiert. Andere Fragen stellen sich als zu ungenau heraus, um diese auszuwerten. Die Streuung innerhalb der Kategorie ist so klein, dass eine Auswertung von vorneherein aufgrund der Gruppengröße als unergiebig gelten muss. Die Jahrgangsstufe ist in dieser Hinsicht zu homogen, beziehungsweise die Fragestellung ist zu undifferenziert. Dies ist bei den Fragen zur Häufigkeit des Musikkonsums,[36] zur Regelmäßigkeit mit der man sich „mit Leuten trifft" und dem Item „nichts tun, ‚rumhängen'" der Fall. Aus ähnlichen Gründen sind zudem die Fragen nach dem Besuch eines Jugendfreizeittreffs und nach der Häufigkeit eines ehrenamtlichen Engagements nicht auswertbar. Zu beachten ist, dass in dieser Fragestellung nur die reine Häufigkeit der Ausübung abgefragt wurde und nicht die jeweilige Ausprägung, welche eine weitere Möglichkeit der Ausdifferenzierung darstellen würde.

8.6.2 Ergebnis und strukturelle Interpretation

Die Auswertung der folgenden Abschnitte findet für jede Kategorie der Freizeitaktivitäten im engen Freundschaftsnetzwerk statt. Da sich die Ergebnisse im regulären Freundschaftsnetzwerk bei allen Freizeitaktivitäten einer baseline Homophilie annähern, kann auf eine Kategorie-spezifische Erläuterung verzichtet werden. Die Kategorien stellen hier die einzelnen Freizeitaktivitäten dar. Die Nennung richtet sich dabei nach den durchschnittlichen Kollektiv-Homophiliewerten in absteigender Reihenfolge.[37]

---

36 Reinders (2004) konnte den Einfluss der bevorzugten Musikrichtung auf die Entstehung von Freundschaften nachweisen.

37 Der durchschnittliche Kollektiv-Homophiliewert ist mit Vorsicht zu betrachten, da er die Kollektivgrößen außer Acht lässt. Nichtsdestotrotz dient er hier als Anhaltspunkt und grobe Orientierung.

8.6.2.1 Freizeitaktivität: Computer/Konsole spielen

Unter den Freizeitgestaltungsmöglichkeiten ist „Videospielen" die Kategorie mit dem höchsten Durchschnitts-Homophiliewert. Unter dieser Kategorie kann die Stufe grob in zwei Kollektive geteilt werden: Ein Kollektiv bilden die Schüler die wöchentlich oder regelmäßig spielen. Das Andere bilden die Schüler die selten oder nie spielen. Das Kollektiv der Spieler ist mit 52 Akteuren die größere Gruppe. Dennoch ist der Homophiliewert der 35 Nicht-Spieler mit IH_i=0,28 überdurchschnittlich hoch. Dem gegenüber stehen die Spieler mit einem normalisierten Homophiliewert von 0,13.
Es scheint, als wäre das Nichtspielen von Videospielen ein Struktur fundierender Faktor. Dieses Ergebnis ist gegenläufig zur Erkenntnis von Currarini/Jackson/Pin (2009: 1). Sie sehen große Gruppen in einer Führungsfunktion was meist einhergeht mit einem höheren Homophiliewert. Eventuell stellt diese erhöhte Dichte innerhalb des Kollektivs der Nicht-Spieler eine bewusste Abgrenzung den Spielern gegenüber dar. Der im Vergleich niedrige Homophiliewert der Spieler könnte aber auch mit der mangelnden inhaltlichen Ausdifferenzierung der Frage erklärbar sein. Schließlich gibt es nicht nur verschiedene Plattformen für Videospiele (Konsolen und PC) sondern zudem noch diverse Spielgenres.
Unter dem Aspekt der Gemeinsamkeit lässt sich zu Videospielen sagen, dass auch diese nicht ausschließlich allein gespielt werden. Insbesondere Online-Spiele ermöglichen das gemeinsame Spielen über räumliche Distanzen hinweg. Zu dem Schluss, dass besonders Onlinespiele eine große soziale Komponente beinhalten kommen auch Jöckel und Schumann (vgl. Jöckel/Schumann 2010: 478). Somit kann eine weitere Differenzierung von Freundschaft geleistet werden. Die Ergebnisse sind höchst signifikant. Sie korrelieren jedoch schwach mit dem Geschlecht: Von den Spielern sind etwa 60% Prozent männlich.

8.6.2.2 Freizeitaktivität: Party

Von den 87 befragten Studienteilnehmern geben 39 an, dass sie „regelmäßig in der Woche" oder häufiger zu Partys, in Discos oder zu Feten gehen. Dem gegenüber stehen 41 Schüler, die „seltener als wöchentlich" und sieben Schüler die „nie" ausgehen. Ausgehen ist folglich eine durchaus übliche Freizeitaktivität in der Jahrgangsstufe.
Im engen Freundschaftsnetzwerk zeigt sich unter den häufigen Partygängern eine starke inbreeding Homophilie (IH_i=0,25). Da Partys, Discobesuche und Feten

davon leben, dass sich üblicherweise mehrere Leute treffen,[38] war dieses Ergebnis zu erwarten. Die Mitglieder aller Kollektive orientieren sich scheinbar in der Ausübung ihrer Interessen stark aneinander. Auch unter den seltenen Partygängern (IH_i=0,19) und den Partymeidern (IH_i=0,08) herrscht eine schwache inbreeding Homophilie. Diese Ergebnisse sind hoch signifikant. Als einen weiteren Grund für die starke Homophilie in diesem Merkmal wird die Tatsache angesehen, dass Partys nur in einem geringen Maße in Genres differenzierbar sind.

8.6.2.3 Freizeitaktivität: Sport

Die Wichtigkeit des besten Freundes als Sportpartner heben Grob und Jaschinski in einem Lehrbuch der Entwicklungspsychologie hervor: „Je älter die Jugendlichen sind, umso wichtiger ist auch der feste Freund beziehungsweise die feste Freundin als Partner beim Sport“ (Grob/Jaschinsiki 2003). Daher ist ein hoher Homophiliewert zu erwarten.

Bei den sportlichen Aktivitäten lässt sich die Schulstufe in drei Kollektive unterteilen. Die regelmäßigen Sportler (N_i=44), die Durchschnitts-Sportler (N_i=27) und die Unsportlichen (N_i=16). Die regelmäßigen Sportler und die Unsportlichen weisen eine schwache inbreeding Homophilie auf (IH_i=0,10). Der Wert der Durchschnitts-Sportler liegt mit IH_i=0,23 deutlich höher im Bereich der starken inbreeding Homophilie. Sportlichkeit ist ein Merkmal welches im Vergleich der Ego-Homophiliewerte einen signifikanten Unterschied zwischen dem neutralen und dem engen Freundschaftsnetzwerk aufweist.

Ein Interpretationsansatz für diese Ergebnisse ist, dass die sehr sportlichen Akteure Spezialisten in ihrer Sportart sind, die sich ähnlich leistungsstarke Sportpartner suchen. Dadurch haben die regelmäßigen Sportler schon ihr festes sportliches Umfeld, welches sich wahrscheinlich häufig aus anderen Spezialisten speist, die überwiegend nicht in der untersuchten Schulstufe sind. Die Durchschnitts-Sportler sind hingegen auf der Suche nach Sportpartnern auf Hobbyniveau. Da für sie nicht die Leistung sondern der Spaß im Vordergrund steht, geben sie sich mit ihren Freunden als Sportpartner zufrieden. Die Unsportlichen wiederum haben andere Freizeitinteressen und bilden deshalb auch nur ein schwach homophiles Kollektiv. Diese Hypothese gilt es noch zu überprüfen.

---

[38] Niekrenz (2011) fasst die starke gemeinschaftsstiftende Wirkung von Partys unter dem Terminus der „Rauschhaften Vergemeinschaftung“ zusammen.

8.6.2.4 Freizeitaktivität: Kneipenbesuch

Das Bild der Kneipenbesucher ähnelt dem des Ausgehverhaltens, allerdings mit einer anderen Kollektivverteilung. Die Schüler, die angeben „nie“ in eine Kneipe zu gehen, sind mit 24 Personen etwa genauso häufig vertreten wie die „regelmäßigen Kneipengänger“. Die restlichen 41 Schüler geben an, „eher unregelmäßig“ in eine Kneipe zu gehen.
Die strukturelle Verteilung ähnelt der der Partygänger (vgl. Kapitel 8.6.2.2). Unter den regelmäßigen Kneipenbesuchern zeigt sich der höchste Homophiliewert (IH_i=0,23). Ein naheliegender Erklärungsansatz ist der Gesellschaftsfaktor dieser Freizeittätigkeit. Es ist davon auszugehen, dass die Schüler in den seltensten Fällen alleine in eine Kneipe gehen, sondern vielmehr in Begleitung ihrer Freunde. Gemäß dieser Argumentationslinie haben auch die unregelmäßigen Kneipenbesucher einen nur geringfügig kleineren Homophiliewert von IH_i=0,19. Die Freundschaftsstrukturen derjenigen Schüler, die „nie“ in Kneipen gehen, unterliegen einer baseline Ordnung (IH_i=0,0). Es scheint also in diese Richtung keine Präferenzen der Freundschaftswahl zu geben. Wie beim Sport (vgl. Kapitel 8.6.2.3) ist auch hier ein Interpretationsansatz, dass Schüler, die nie in eine Kneipe gehen, in ihrer Freizeit andere Interessen verfolgen. Trotz der in einem Kollektiv auftretenden baseline Homophilie ergibt die Einzelwertabweichung der Ego-Homophilie eine Signifikanz.

8.6.2.5 Sonstige Freizeitaktivitäten und Fazit

Die vier genannten Kategorien sind die Freizeitaktivitäten, die eine strukturell signifikante inbreeding Homophilie ergeben. Demgegenüber stehen Freizeitaktivitäten, die zwar ausgewertet wurden, aber lediglich eine baseline Homophilie vorweisen können: „Sich etwas kaufen“, „fernsehen“, „DVDs anschauen“, „lesen“, „Familienunternehmungen“, „etwas Kreatives machen“. All diese Aktivitäten zeichnen sich entweder dadurch aus, dass sie vorwiegend alleine erlebt werden, oder dass die Mitschüler davon ausgeschlossen sind („Familienunternehmungen“). Ein Freund kann folglich nur durch Erzählungen in diese Aktivitäten eingebunden werden. Folgt man der Prämisse der Gleichartigkeit der Interessen für die Entstehung einer Freundschaft, wären solche Erzählungen für den Freund auch nur dann von Interesse, wenn sich diese in einem Feld bewegen würden, das ihn interessiert. Viele der oben genannten Aktivitäten sind aber stark vom Genre beziehungsweise vom Objekt abhängig. So kann man sich im Fernsehen verschiedene Programme ansehen, beispielsweise Sportsendungen oder auch Spielfilme. Ein Spielfilm wiederum kann dabei sowohl ein Action- als auch ein Liebesfilm

sein. Andere Aktivitäten wie zum Beispiel „shoppen“ sind immer objektbezogen und damit auch in Subgruppen unterteilbar. Oder anders ausgedrückt: Es ist entscheidend, *was* gekauft wird und nicht, *dass* gekauft wird.
Für eine weitere Differenzierung wäre es also nötig, auch die Art des Freizeitverhaltens zu erfragen und nicht nur die bloße Häufigkeit. So wäre ein klareres Bild im Hinblick auf homophile Strukturen entstanden. Dementsprechend müssen die Aussagen in manchen Bereichen, wie beispielsweise beim Sport, sehr vage bleiben. Andere Aktivitäten können gar nicht ausreichend auf ihre strukturelle Verteilung hin erforscht werden, wie beispielsweise der Musikkonsum. Dennoch zeigt sich auch bei den ausgewerteten, aber nicht signifikanten Fragen zur Freizeitgestaltung der Studienteilnehmer, dass die Tendenz zu einer inbreeding Homophilie gegeben ist.

8.7 Internetnutzung

Die Erhebung der Internetnutzung lässt sich zur Kategorie Verhalten (vgl. Kapitel 4.4.1) zählen und erfüllt verschiedene Zwecke. Grundsätzlich stellt sich hier die Frage: Wie wird das Internet überhaupt genutzt und welche Bedeutung hat es für die Schüler? Zum einen stellt das Internet, wie auch die klassischen Medien, Gesprächsstoff zur Verfügung und hat eine Leitfunktion. Zum anderen kann man das Internet als sekundären Lebensraum betrachten. Man unterscheidet zwischen realer und virtueller Welt, wobei man davon ausgeht, dass die virtuelle Welt immer Anlehnungen an die reale Welt hat oder sucht (vgl. Ritter 2010: 39).
Um das Medium Internet zu analysieren, unterscheidet man es in Kommunikations- und Informationsmedium. Das Kommunikationsmedium ist geprägt durch die Nutzung von E-Mail, Chatprogrammen und Foren. Der Abruf von Webseiten zu jeglicher Informationsbeschaffung fällt in den Bereich des Informationsmediums (vgl. Iske/Klein/Kutscher/Otto 2007: 66). Durch seine unterschiedlichen Nutzungsarten stellt das Internet ein interessantes Homophiliemerkmal dar. Iske, Klein, Kutscher und Otto kommen nach der Zusammenfassung verschiedener Studien zu folgender Schlussfolgerung:

> *„Verlässt man die Ebene des formalen Zugangs zum Internet, weisen sämtliche empirischen Studien darauf hin, dass sich auch die Art und Weise, wie unterschiedliche Menschen das Internet nutzen, erheblich unterscheidet.“ (ebd.: 66)*

8.7.1 Fragestellung

Die Fragestellung nach der Internetnutzung ist ebenfalls der Shell Jugendstudie entnommen. Abgefragt werden die häufigsten Nutzungsarten des Internets auf einer fünfstufigen Skala. Die Skala differenziert die Nutzungshäufigkeit von „mehrmals täglich" über „regelmäßig in der Woche" bis hin zu „nie". Der Frage nach der Art und der Häufigkeit der Nutzung war die Frage voran gestellt, ob die Studienteilnehmer zu Hause über einen Internetzugang verfügen. Diese Frage konnte mit „ja" oder mit „nein" beantwortet werden und diente dem Ausschluss von Nichtnutzern.

8.7.2 Ergebnis

Aus der Jahrgangsstufe gaben zwei Testpersonen an, zu Hause nicht die Möglichkeit zu haben, das Internet zu nutzen. Sie werden deshalb von den weiteren Auswertungsprozessen bezüglich des Internetverhaltens ausgeschlossen. Somit bleiben noch 85 Fälle übrig.

Bei der Auswertung wird ein ähnliches Verfahren verwendet, wie es auch in der Shell Jugendstudie zur Anwendung kam (vgl. Albert/Hurrelmann/Quenzel 2010: 105ff.). Der erste Schritt ist eine Hauptkomponenten-Faktorenanalyse, bei der vier Faktoren entstehen, die eine hinreichende Ausdifferenzierung der Internetnutzung liefern. Die vier Faktoren stehen für die folgenden Aussagen:

1. Faktor 1 dient vor allem der Informationsbeschaffung. Hier wird sich über das Weltgeschehen und über Produkte informiert (Informationsbeschaffungs-Faktor).
2. In Faktor 2 sind die Antworten zu Online Social Networks vertreten. Auch die Nutzung von Chatprogrammen fällt in diese Kategorie. Beides hängt in gewisser Weise zusammen, denn die meisten Online Social Networks besitzen auch eine Chatfunktion (z.B. Facebook, SchülerVz etc.) (Netzwerk-Faktor).
3. Faktor 3 besteht aus „Musik hören/herunterladen" und „einfach drauflos surfen". Eine negative Korrelation besteht zur E-Mail-Nutzung (Verlegenheits-Faktor).
4. Faktor 4 fasst die Items „Computerspielen" und „Videos anschauen" zusammen (Visueller Faktor).

Faktor 1 misst somit den Grad der Internetnutzung als Informationsmedium, während Faktor 2 als Indikator des Kommunikationsmediums angesehen werden kann. Nach der Faktorenanalyse folgt eine Clusteranalyse, um die verschiedenen Nutzertypen zu identifizieren. Diese Nutzertypen basieren auf den oben genannten vier Faktoren der Internetnutzung. Ähnlich wie in der Shell Jugendstudie (vgl. Albert/Hurrelmann/Quenzel 2010: 105) kann man die Nutzer in vier Kollektive aufteilen, bei denen meist ein Faktor deutlich überwiegt. Nach dem Vorbild der Shell Jugendstudie werden die Clustergruppen wie in Abbildung 16 benannt.

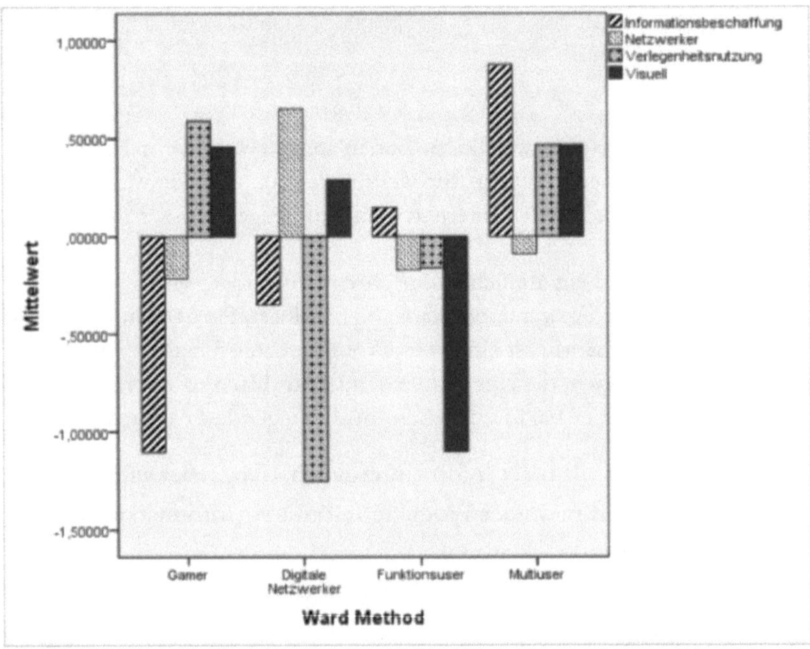

Abbildung 16: Faktorenverteilung in den vier Internetnutzungs-Clustern

Die vier Cluster sind in etwa gleich groß. Ihre Mitgliederzahl schwankt von 15 (Digitale Netzwerker) bis 25 (Multiuser). Insgesamt werden 80 Fälle verarbeitet, da fünf Studienteilnehmer aufgrund von unvollständigen Angaben nicht zugeordnet werden können.

8.7.3 Strukturelle Interpretation

Die Betrachtung der einzelnen Cluster als Homophiliemerkmal ist ungewöhnlich. Im engsten Freundschaftsnetzwerk unterliegt nur die Ausprägung „Multiuser" ei-

ner inbreeding Homophilie (IH_i=0,17). Alle anderen Kollektive weisen eine baseline Homophilie oder nur eine leichte inbreeding Tendenz auf. Die normalisierten Homophiliewerte der Gamer, der Netzwerker und der Funktionsuser liegen hierbei zwischen 0,00 und 0,05. Diese Ergebnisse legen den Schluss nahe, dass unter engen Freunden die Art der Internetnutzung eine untergeordnete Rolle spielt.
Bei der Betrachtung des regulären Freundschaftsnetzwerks im Hinblick auf die Internetnutzung wird festgestellt, dass der Grad der Homophilie in fast allen Merkmalsausprägungen sinkt – teilweise bis in den heterophilen Bereich. Die einzige Ausnahme bildet das Kollektiv der Netzwerker. Hier steigt der Wert der normalisierten Homophilie von 0,00 im engen Freundschaftsnetzwerk auf 0,13. Das nachfolgende Diagramm zeigt diesen Verlauf deutlich. Vom engen zum regulären Freundschaftsnetzwerk steigt ausschließlich die Homophilie der Netzwerker, während die Homophilie in den anderen Kollektiven sinkt. Dennoch sind die Unterschiede zwischen dem neutralen und dem engen Freundschaftsnetzwerk signifikant.

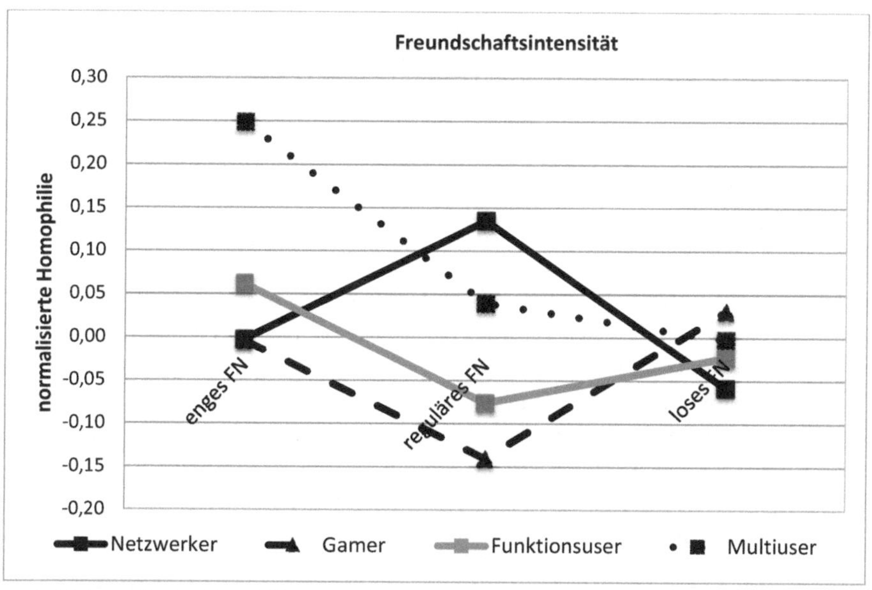

Abbildung 17: Die Entwicklung der Internetnutzung-Homophilie in den drei intensivsten Freundschaftsnetzwerken (FN)

Die Interpretation liegt nahe, dass Netzwerker durch die Art und Weise ihrer Internetnutzung Freundschaftsbeziehungen untereinander aufbauen und erhalten. Dies könnte der Struktur der sozialen Netzwerk-Plattformen geschuldet sein. Vor allem Facebook basiert darauf, dass sich die Personen aus der realen Welt üblicherweise kennen. Facebook bietet die Möglichkeit, die Aktivitäten seiner dort gelisteten Freunde zu verfolgen. Dadurch könnte den Nutzern untereinander Sympathie und Nähe vermittelt werden. Zudem können gemeinsame Interessen und gegenseitiger Austausch entstehen, der in der realen Welt zum Ausdruck kommt. Diese Interpretation würde sich mit der von Kneidinger (2008) decken, der US-amerikanische Untersuchungen an Studierenden zusammenfasst. Er kommt zu dem Ergebnis, „dass sich Online Social Networks sehr wohl positiv auf soziale Bindungen auswirken können, vor allem auf die schwachen Bindungen und besonders ausgeprägt bei Studierenden, die ein eher schwaches Selbstbewusstsein und eine eher schwache Lebenszufriedenheit aufweisen." (Kneidinger 2008: 41). Abgesehen davon, scheint die Art der Internetnutzung kaum Einfluss auf die Freundschaftsmuster zu nehmen.

8.8 Rauchen

Laut aktueller Daten der Bundeszentrale für gesundheitliche Aufklärung (BZgA) rauchen 24% der Jugendlichen im Alter von 16 bis 17 Jahren und 35% der Jugendlichen im Alter von 18-21 Jahren (vgl. BZgA 2011a). Laut dieser Statistik ist das Rauchen also durchaus verbreitet. Im Rahmen der Fallstudie werden hinter dem Rauchen zwei Homophilie-Aspekte vermutet. Zum einen dient das Rauchen der Überprüfung der Grundhypothese und stellt ein Homophiliemerkmal dar. Darüber hinaus wird angenommen, dass Raucher sich untereinander wahrscheinlicher kennen – unabhängig von Sympathiewerten. Diese Überlegung basiert auf der Gelegenheitsstruktur. Das Rauchen ist an Schulen nur an bestimmten Orten erlaubt. Raucher finden sich schnell zusammen, begleiten sich gegenseitig beim Gang zur Zigarette und helfen sich gegenseitig mit Rauchutensilien wie beispielsweise einem Feuerzeug aus. Sie grenzen sich in ihrer Gesamtheit von den Nichtrauchern ab, da sie ein gemeinsames Interesse haben dem sie zu bestimmten Zeiten an bestimmten Orten nachgehen.

8.8.1 Fragestellung

Die Operationalisierung gestaltet sich unkompliziert: Im Fragebogen wird direkt abgefragt „Rauchst du?". Die drei Antwortmöglichkeiten beinhalten eine Abstufung bezüglich der Regelmäßigkeit des Rauchens, von „regelmäßig (jeden Tag)" über „nur ab und an" zu „Nichtraucher". Diese Frage ist der Shell Jugendstudie entnommen.

8.8.2 Ergebnis

Anhand der drei Antwortkategorien lassen sich drei Kollektive bilden: sechs Studienteilnehmer geben an regelmäßig zur Zigarette zu greifen, 19 Schüler rauchen gelegentlich und mit 62 Schülern wird die größte Gruppe von den Nichtrauchern gebildet.

8.8.3 Strukturelle Interpretation

Im engen Freundschaftsnetzwerk zeigen sich die Raucher und die Gelegenheitsraucher homophil ($IH_{Raucher}$=0,28; $IH_{Nichtraucher}$=0,14). Die Nichtraucher sind stark homophil (IH_i=0,42) bei der Freundeswahl. Unter regulären Freunden nimmt die Homophilie der Schüler ab. Die Werte der Raucher und Gelegenheitsraucher sinken innerhalb der schwachen inbreeding Homophilie ($IH_{Raucher}$=0,06; $IH_{Nichtraucher}$=0,08). Auch der Homophiliewert der Raucher reduziert sich auf ein schwaches inbreeding Niveau (IH_i=0,10). Diese Ergebnisse bestätigen die Homophiliethese.
Auffallend ist die vergleichsweise niedrige Raucherquote der Stufe. Mit der niedrigen Fallzahl der Raucher (N_i=5) lässt sich erklären, warum der höchste Homophiliewert unter den Nichtrauchern herrscht und nicht wie eingangs angenommen unter den Rauchern. Nichtsdestotrotz kann das Rauchen durchweg als ein strukturgebendes Merkmal in der Freundeswahl überzeugen und ist zudem höchst signifikant.

8.9 Alkoholkonsum

„Alkoholgebrauch, nicht nur unter Erwachsenen, sondern auch unter älteren Jugendlichen, ist Teil der Gesellschafts- und Kulturgeschichte." (Scherr 2009: 206). Als diesen Teil der Gesellschaft und Kultur soll überprüft werden, ob der Alkoholkonsum ein Homophiliemerkmal darstellt. Dahinter steht die Überlegung, dass Alkohol vorrangig in Gesellschaft konsumiert wird und nicht alleine. Laut Scherr (2009) gehört Alkoholgenuss zur gesellschaftlichen Normalität (vgl. ebd.: 206). Nachdem sich die beiden Freizeitaktivitäten „Disco/Party/Feten" und „Kneipenbesuche" bereits als signifikant homophil erwiesen haben (vgl. Kapitel 8.6), soll im Folgenden nicht der Ort, sondern vielmehr die damit verbundene Aktivität untersucht werden. Die Testpersonen der Erhebungsgruppe sind allesamt über 16 Jahre alt und somit gesetzlich zum Genuss von Alkohol berechtigt. Da eine Studie der BZgA zeigte, dass Jugendliche im Jahr 2010 bereits mit 14,5 Jahren ihr erstes Glas Alkohol trinken (vgl. BZgA 2011b), kann davon ausgegangen werden, dass die Mehrheit der Schulstufe bereits Erfahrungen mit dem Konsum von Alkohol gemacht hat.

8.9.1 Fragestellung

Den Schülern wird im Fragebogen die Frage gestellt: „Trinkst du Alkohol?“. Die vier Antwortmöglichkeiten beinhalten eine Staffelung der Häufigkeit des Alkoholkonsums. Sie reichen von „so gut wie jeden Tag“, über mehrmals in der Woche über mehrmals im Monat hin zu „so gut wie nie“. Diese Frage ist ebenfalls der Shell Jugendstudie entnommen.

8.9.2 Ergebnis

Von 87 Studienteilnehmern macht eine Testperson keine Angaben. Im verbleibenden Netzwerk von 86 Schülern gibt niemand an, „so gut wie jeden Tag“ Alkohol zu sich zu nehmen. Da Alkoholgenuss im Alltag als problematisch empfunden und somit von der Gesellschaft kritisch bis besorgniserregend aufgenommen wird (vgl. Scherr 2008: 206), steht vor der Nennung dieser Antwortmöglichkeit eine gewisse Hemmschwelle. Es liegt die Vermutung nahe, dass die Frage nach dem Alkoholkonsum mit einer gewissen Vorsicht beantwortet wird.
Gut die Hälfte der Studienteilnehmer gibt an, „ab und an mal im Monat“ Alkohol zu konsumieren. Die andere Hälfte der Stufe gliedert sich in zwei etwa gleich große Kollektive: 16 Schüler trinken vergleichsweise häufig alkoholische Getränke, nämlich „mehrfach in der Woche“, und 22 Schüler trinken „so gut wie nie“.

8.9.3 Strukturelle Interpretation

Betrachtet man das Muster des engen Freundschaftsnetzwerks so lässt sich für jede Merkmalsausprägung eine schwache inbreeding Homophilie ($IH_{wöchentlich}$=0,08; $IH_{monatlich}$=0,14; IH_{selten}=0,08) ermitteln. Jede Gruppe interagiert folglich bevorzugt mit Mitgliedern der eigenen Gruppe. Im regulären Freundschaftsnetzwerk weisen lediglich die „Selten-Trinker“ eine schwache inbreeding Homophilie (IH_i=0,17) auf.
Die ermittelten inbreeding Homophiliewerte sind zwar eher schwach, jedoch signifikant. Folglich hat der Konsum von Alkohol im Netzwerk enger Freunde eine nachvollziehbare Auswirkung auf die Formation von Freundschaften. In den erweiterten Netzwerken scheint der Konsum von Alkohol kaum eine Rolle mehr zu spielen.

8.10 Werte

Diese Fragestellung erscheint besonders interessant, denn das Phänomen der Homophilie wurde erstmals an persönlichen Wertvorstellungen gemessen. Lazarsfeld und Merton prägten den Begriff der „value homophily“ (vgl. Kapitel 4.2.1). In ihrer Untersuchung waren die Ergebnisse eindeutig: Werte erzeugen eine homophile Ordnung in Freundschaften. Allerdings kann man an dieser Untersuchung kritisieren, dass lediglich ein Merkmal abgefragt wurde. Ein einzelnes Merkmal kann sicherlich nicht mit der Pluralform „Werte“ bezeichnet werden. Lazarsfeld und Merton erhoben lediglich, wie die Befragten zum Zusammenwohnen von verschieden Ethnien stehen.
In dieser Studie soll ein Schritt weitergegangen werden, indem eine komplexere Wertestruktur untersucht wird. Werte werden hierbei nicht als Wert im Sinne des Nutzens definiert, sondern eher als „Maßstab der das Handeln lenkt und Entscheidungen über Handlungsweisen ermöglicht“ (vgl. Fuchs-Heinritz/Lautmann 2007: 752). In dieser kurzen Definition wird auch schon das Verhältnis von Werten und Freundschaft deutlich. Nimmt man Webers Handlungstheorie (vgl. Kapitel 2.2.2) als Ausgang und postuliert gleichzeitig, dass Handeln eine Grundkategorie der sozialen Beziehung ist, muss man Werteinstellungen mit Freundschaft zwangsläufig in Verbindung bringen, denn auch Freundschaft stellt eine soziale Beziehung dar. Diese kurze Definition soll ausreichen, schließlich ist der Untersuchungsgegenstand nicht die Herkunft oder Auswirkungen bestimmter Wertvorstellungen. An dieser Stelle soll lediglich untersucht werden, ob Netzwerke in ihrer Struktur von gleichen Wertvorstellungen beeinflusst werden.

8.10.1 Fragestellung

Zur Anwendung kam das Speyerer Inventar zur Messung von Werteorientierung, wie es auch in der Shell Jugendstudie zum Einsatz kam.[39] Das Instrument besteht aus 24 Items. Diese Items bestehen aus Aussagen, die auf bestimmte Werte abzielen. Die Studienteilnehmer können die Wichtigkeit der Items in sieben Abstufungen von „unwichtig“ bis „außerordentlich wichtig“ angeben.

39 Für eine genaue Diskussion und einen kurzen Abriss zum Speyerer Instrument siehe Gensicke 2000 sowie Klages 2001. Die Entwicklung des Instruments soll der Nachvollziehung des Wertewandels dienen und wurde seit 1987 kontinuierlich angewandt. Die Autoren vertreten eine Wertvorstellung, die eine starke Sozialisation-Komponente enthält.

8.10.2 Ergebnis

Von den 87 Studienteilnehmern beantworteten 77 (88,5%) die gesamten Fragen und gehen somit in die weitere Auswertung ein. Da von den Studienteilnehmern jeweils 24 Aussagen getroffen wurden, ist eine Dimensionsreduzierung notwendig. Dies geschieht mithilfe einer Faktorenanalyse[40], welche die Items in drei Faktoren[41] aufteilt:

1. In den ersten Faktor gehen vor allem eher liberale/bürgerliche Aussagen ein (z.B. „eigenverantwortlich leben und handeln“ und „ein gutes Familienleben führen“).
2. Der zweite Faktor wird von wirtschaftlich/traditionell geleiteten Aussagen bestimmt (z.B. „einen hohen Lebensstandard haben“ oder „an Gott glauben“).
3. Der dritte Faktor wird von Aussagen bestimmt, die sich auf das Umweltbewusstsein und die Kreativität beziehen (z.B. „gesundheitsbewusst leben“ oder „seine eigene Phantasie und Kreativität entwickeln“).

Nach der Dimensionsreduzierung folgt eine Clusteranalyse um die Studienteilnehmer in Kollektiven mit ähnlichen Werten einzuteilen. Es entstehen vier etwa gleich große Cluster mit folgender Verteilung:

Tabelle 4: Clusterverteilung der Werte

Cluster	Cluster1: Unentschieden	Cluster 2: Liberale	Cluster 3: Kreative	Cluster 4: Konservative	Gesamt
Häufigkeit	11	23	22	21	77

Nun stellt sich die Frage: Welche Akteure sind in welchem Cluster vertreten? In Abbildung 18 sieht man die Cluster auf die einzelnen Faktoren aufgeschlüsselt. Die Werte sind dabei normalisierte Mittelwerte, die zwischen -3 und 3 liegen. Cluster 1 liegt dabei unter dem Durchschnitt der Befragten, was als unklare Wertvorstellung interpretiert wird. Die Studienteilnehmer artikulierten keine Präferenz.

40 Zur Faktorisierung wurde eine varimax rotierte Vorgehensweise gewählt. Der KMO-Wert lag bei 0,665. Laut MSA-Kriterium ist dies eine „mittelmäßige“ bis „ziemlich gute“ Eignung für eine Faktorenanalyse (vgl. Backhaus et. al. 2011: 342f.)

41 Die Entscheidung drei Faktoren zu generieren, erfolgte nach Betrachtung des Screenplots.

Dieses Cluster ist mit elf Testpersonen das Kleinste. Cluster 2 repräsentiert diejenigen Testpersonen, die eher liberale Wertvorstellungen vertreten. Im 3. Cluster finden sich die eher Kreativen und Cluster 4 gruppiert Akteure eher konservativer Gesinnung.

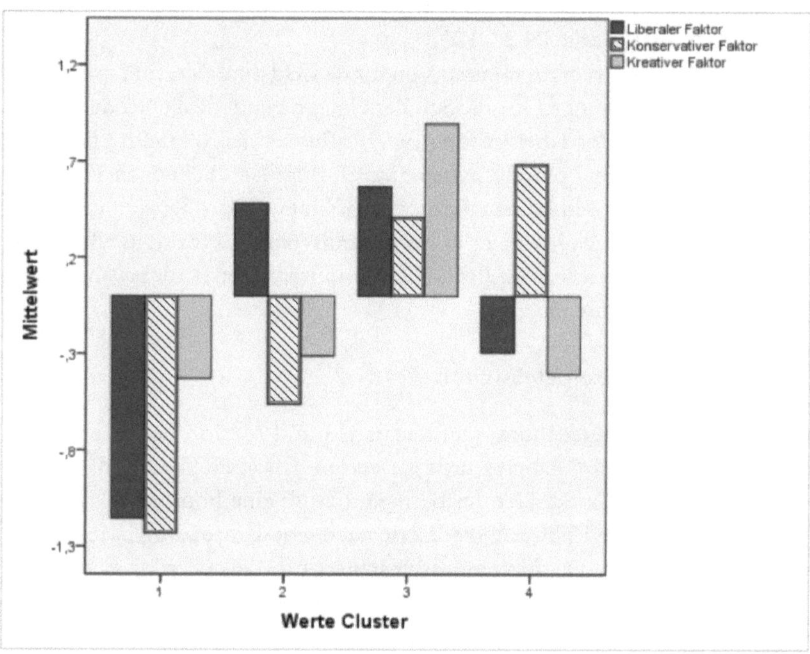

Abbildung 18: Faktorenverteilung in den vier Werte-Clustern

8.10.3 Strukturelle Interpretation

Zur Prüfung der Homophilie gilt es nun die Verteilung im Netzwerk genauer zu betrachten. Im engen Freundschaftsnetzwerk zeigt sich in allen Kollektiven eine Homophilie, in drei von vier Clustern ist sie vom inbreeding Typ. Besonders stark ist die Homophilie mit IH_i=0,25 im kreativen Cluster. Vom inbreeding Typ ist die Homophilie ebenfalls im Kollektiv der Schüler mit unklaren Wertvorstellungen und im konservativen Cluster. Eine baseline Homophilie findet sich im liberalen Cluster. Die Interpretation, dass sich dieses Cluster durch Toleranz auszeichnet und somit die Mitglieder an anderen Wertvorstellungen interessiert sind, liegt nahe. In den liberalen Faktor geht maßgeblich das Item „auch solche Meinungen tolerieren, denen man eigentlich nicht zustimmen kann“ mit ein.

Mit Erweiterung des Freundschaftsnetzwerks nimmt die Wertehomophilie ab. Dies deckt sich mit den Untersuchungsergebnissen von Lazarsfeld und Merton. Die Autoren beschreiben, dass bei der Entdeckung von unterschiedlichen Wertvorstellungen Freundschaften auseinander brechen. Es kann sich folglich zwischen Personen mit unterschiedlichen Wertvorstellungen kaum eine enge Freundschaft entwickeln (vgl. Kapitel 4.2.1.1.2).
Unsere Studie bestätigt die Ergebnisse von Lazarsfeld und Merton: Auch hier scheinen die Werteinstellungen für die Schüler eine prägende Rolle bei der Freundeswahl zu haben. Bei der Überprüfung des Einflusses der Werteinstellung der Studienteilnehmer auf ihr Freundschaftsnetzwerk zeigt sich bei engen Freunden eine Homophilie. Mit abnehmender Freundschaftsintensität zeigt sich ein geringerer Homophiliewert, welcher beim losen Freundschaftsnetzwerk in allen Clustern baseline-Niveau erreicht. Die Ergebnisse sind mit einer Irrtumswahrscheinlichkeit von 1% signifikant

8.11 Ziele und Lebenseinstellungen

Ausgehend von der Untersuchung von Lazarsfeld und Merton und deren Konzept der „value homophily“ haben wurde im letzten Abschnitt gezeigt, dass es bei der Werteorientierung der Schüler der befragten Stufe eine homophile Ordnung gibt. Es bleibt jedoch die Frage, ob die Werte auch eine Umsetzung in realen Lebenssituationen erfahren. Da dies empirisch schlecht festzustellen ist, beobachtet man die Formen der Lebensbewältigung. Diese subjektivieren die moralischen Wertvorstellungen. Das gewählte Instrument misst die Frustration der Jugendlichen. In der Shell Jugendstudie heißt es dazu:

> *„Die aktuelle Shell Jugendstudie interessiert sich dafür, wie die Jugendlichen die Chancen der Werterealisierung einschätzen. Halten sie es überhaupt für sinnvoll, sich in der Lebenspraxis an Werten, Normen und Regeln zu orientieren, oder führt die Unübersichtlichkeit der gesellschaftlichen Verhältnisse zur Skepsis darüber, ob moralisches Verhalten überhaupt einen Sinn hat?“ (Albert/Hurrelmann/Quenzel 2010: 213)*

8.11.1 Fragestellung

Die Fragestellung stammt aus der Shell Jugendstudie und wurde unter der bereits oben genannten Intention gestellt. Sie umfasst 16 Aussagen, die auf einer Skala von „stimme gar nicht zu“ bis „stimme voll und ganz zu“ bewertet werden konnten. Die Fragen dienen der Einordnung der Wichtigkeit und der Übereinstimmung von Werten mit der heutigen Lebenswelt. Beispielsweise „gerade heutzutage muss man wissen, was man will, um im Leben erfolgreich zu sein“. An den Antworten lässt sich ablesen, inwieweit die Jugendlichen das Gefühl haben, ihre Werte durchzusetzen. Die vorangegangene Betrachtung der Werte wird hiermit also noch einmal erweitert.

8.11.2 Ergebnis

Wie bei der Betrachtung des Merkmals „Werte“ (vgl. Kapitel 8.10) bietet es sich auch hier an, der Gruppenbildung durch ein Clusterverfahren eine Faktorenanalyse voran zustellen, um die inhaltliche Interpretation zu erleichtern und die 16 Fragen in ihrer Komplexität und Dimension zu reduzieren. Bei der Hauptkomponenten Faktorenanalyse entstehen vier Faktoren, die eine hinreichende Differenzierung ermöglichen. Dabei umfassen zwei Faktoren den Großteil (12 von 16) aller Aussagen, welche die Fragen grob in anomische/frustrierende[42] und optimistische/soziale Aussagen[43] aufteilen. Die beiden anderen Faktoren lassen sich grob unterteilen in einen Faktor mit kapitalistischer Grundhaltung[44] und einen der eine unbekümmerte Grundhaltung[45] wiederspiegelt. In Abbildung 19 ist die Verteilung der verschiedenen Faktoren auf die einzelnen Cluster nach der Clusteranalyse zu sehen. Cluster 3 ist mit 42 zugeordneten Mitgliedern der Größte, Cluster 2 hat 12 Mitglieder und Cluster 1 hat 32 Mitglieder.

---

42 z.B: „Weil das Leben immer schwieriger wird, muss man sich selbst zurückziehen und in seiner eigenen Welt leben“

43 z.B: „Fragebogenitem: „Am Ende zahlt es sich aus, wenn man sich um andere Menschen kümmert“

44 z.B: „Das beste Lebensmotto ist: wer nicht wagt der nicht gewinnt!“

45 z.B: „Ein paar Freunde haben und tun, was man mag, das muss im Leben reichen“

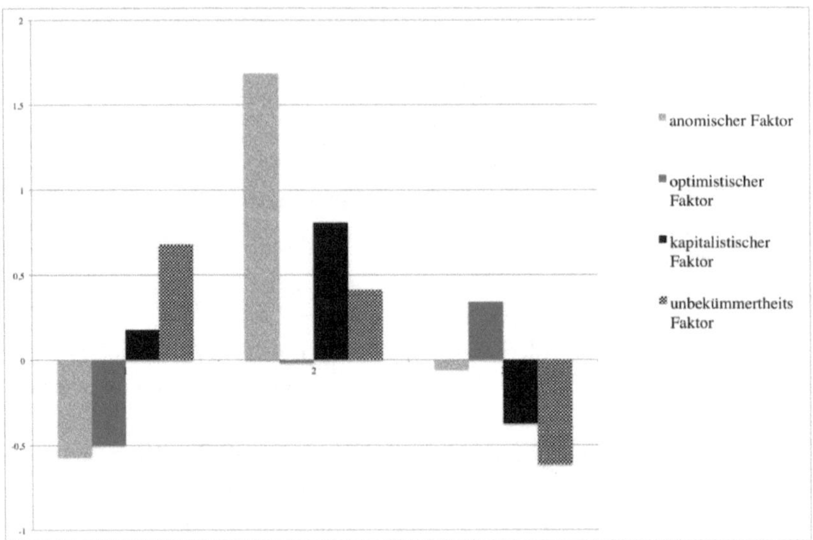

Abbildung 19: Faktorenverteilung in den drei Ziele-Clustern

Im Cluster 1 finden sich also die Schüler wieder, die relativ unbekümmert und weder frustriert noch optimistisch in die Zukunft blicken. In Cluster 2, dem kleinsten Cluster, finden sich die Personen mit einer anomischen, kapitalistischen Einstellung wieder. Cluster 3 ist im Durchschnitt eher optimistisch orientiert.

8.11.3 Strukturelle Interpretation

Betrachtet man die Clusterverteilung im Netzwerk enger Freunde und die jeweilige Verbindungsdichte zu merkmalsgleichen Personen im Netzwerk, stellt man fest, dass lediglich Cluster 2 einen hohen Homophiliewert (IH_i=0,26) aufweist. Dieser wird im regulären Freundschaftsnetzwerk noch bestätigt (IH_i=0,20). Gerade der Cluster 2 fällt durch den hohen anomischen Faktor auf. Diese Personen scheinen in Bezug auf ihre persönliche Werteentfaltung besonders frustriert zu sein. Anscheinend ist diese Wahrnehmung strukturgebend, weil der Homophiliewert deutlich heraussticht, während die anderen zwei Cluster selbst im engen Freundschaftsnetzwerk nahe der baseline Homophilie liegen.

Dieses Ergebnis legt den Schluss nahe, dass die Wahrnehmung der Werteentfaltung und Zielerreichung nur bedingt als homophiles Merkmal gesehen werden kann. Lediglich eine hohe Frustration in der Wahrnehmung scheint augenscheinlich strukturierend zu wirken. So sind auch erst die Unterschiede zwischen den Ego-Homophiliewerten des engen und des unbeliebten Freundschaftsnetzwerks signifikant. Es bleibt zu vermuten, dass vor allem die Ausprägungsart der Werte und das Netzwerk sich gegenseitig beeinflussen. Ein Versuch, den Zusammenhang zwischen Ausprägung und subjektiver Durchsetzbarkeit der Werte zu analysieren scheitert allerdings an den dadurch entstehenden sehr kleinen Untersuchungsgruppen.

8.12 Wohnort

Der Wohnort der Studienteilnehmer erscheint als wichtiger Aspekt zur Überprüfung der Struktur. Hier vermischen sich Gelegenheitsstrukturen und Interessen, wobei die sozialstrukturelle Komponente sicherlich überwiegt. Wie in Kapitel 4.4.2 dargelegt, gilt der Wohnort als die wichtigste Gelegenheitsstruktur. So wäre es nicht unwahrscheinlich, dass zwei Schüler morgens denselben Weg zur Schule fahren, schon gemeinsam in der Grundschulklasse waren oder sich die Eltern kennen und man daher öfter miteinander Kontakt hat. Individuelle Interessen spielen im Hinblick auf das relationale Merkmal Wohnort wohl eine eher untergeordnete Rolle. Zwar ist es denkbar, dass derselbe Wohnort ein gemeinsames Interesse hervorruft, man denke zum Beispiel an Bürgerinitiativen gegen den Ausbau einer Schnellstraße etc., vermutlich ist dies bei den Schülern aber nicht gegeben.

8.12.1 Fragestellung

Bei der Fragestellung zum Wohnort wurde befürchtet, dass die Schüler nicht dazu bereit sind ihre Wohnadresse anzugeben. Schließlich musste schon aus Gründen der Netzwerkkonstruktion darauf verzichtet werden, die Befragung komplett anonymisiert durchzuführen. Die Erfragung der Postadresse war somit ausgeschlossen. Um eine möglichst genaue Wohnortsangabe zu erzielen, wurde folgendes Vorgehen entwickelt. Da die Schule in einem urbanen Gebiet liegt werden die Schüler nach der dem Wohnort nächstgelegenen Haltestelle des öffentlichen Nahverkehrs gefragt. Dabei konnten sowohl S- und U-Bahnstationen als auch Tram- und Bushaltestellen genannt werden. Das Stadtgebiet Frankfurt ist damit sehr dicht abgedeckt.

8.12.2 Ergebnis

Von den 87 Schülern machten 9 keine Angaben zu ihrer nächstgelegenen Haltestelle. Es bleiben folglich noch 78 valide Fragebögen zur Auswertung übrig. Die Haltestellen der Schüler werden von Hand auf einem maßstabstreuen Netzplan der Verkehrsgesellschaft Frankfurt markiert. Dieser Stadtplan wird vorher mit einem Koordinatensystem versehen. Die so entstandenen Quadranten (q) haben eine Seitenlänge von ca. 1,3 km. Mithilfe einer Abstandsberechnung kann so der Abstand eines jeden einzelnen Schülers zu jedem anderen Schüler berechnet werden. Das Ergebnis der Berechnung liefert dabei die Entfernung in Quadranten[46] per Luftlinie.[47] Im Unterschied zu den vorherigen absoluten Merkmalen, untersucht man somit nicht die Eigenschaft des Akteurs, sondern die Eigenschaft der Kante (vgl. Kapitel 1.4.1). In diesem Fall drückt diese sich in einem Abstand aus. Somit ist die Beziehung wechselseitig. Insgesamt bestehen unter den Schülern 3.003 reziproke Verbindungen. Diese Abstände wurden zum Zweck der Auswertung in vier Gruppen unterteilt:

- Abstände von 0 bis 1 q werden als Nachbarschaft bezeichnet.
- Abstände von 1 q bis 3 q werden als naher Umkreis ausgewertet.
- Abstände von 3 q bis 10 q werden als mittlerer Umkreis ausgewertet.
- Abstände von 10 q bis 24 q werden als weiter Umkreis ausgewertet.

Die Grenzwerte richten sich dabei nach theoretischen Überlegungen. Die erste Gruppe ist die direkte Nachbarschaft, die zweite ist fußläufig, die dritte mit dem Fahrrad und die vierte nur noch motorisiert zu erreichen.

8.12.3 Strukturelle Interpretation

Um den Grad der Homophilie zu messen, werden die Homophiliewerte der einzelnen Kollektive berechnet. Dazu wird der relative Anteil der realisierten Freundschaften der Umkreise aus den möglichen Freundschaften der Umkreise ermittelt. Dabei wird der bereits genannten und verwendeten Formel der Homophilie gefolgt. Dabei sollte bedacht werden, dass die Werte, da es sich um ein relationales Merkmal handelt, keine Gruppenwerte sondern Ego-Homophiliewerte darstellen. Im Folgenden wird also mit dem Mittelwert der Ego-Homophilie gerechnet. Auf Abbildung 20 sieht man die Verteilung der Homophilie auf die verschiedenen Gruppen. Die unterschiedlichen Balken kennzeichnen dabei die verschiedenen Freundschaftsnetzwerke:

---

46 Eine Multiplikation mit dem Faktor 1,3 ergibt in etwa den Abstand in Kilometern.

47 Man beachte, dass der Abstand „Luftlinie" vor allem dann sehr verfälschend sein kann, wenn zwischen den Wohnorten der Main verläuft. Da keine Einzelfallanalyse angefertigt wird, wird dies allerdings vernachlässigt. Außerdem kann auch die Einteilung in Quadranten sowie die Art der Befragung zu Verschiebungen führen. Nichtsdestotrotz bietet diese Methode, bedingt durch die große Fallzahl, eine ausreichende Annäherung an die Wohngegebenheiten.

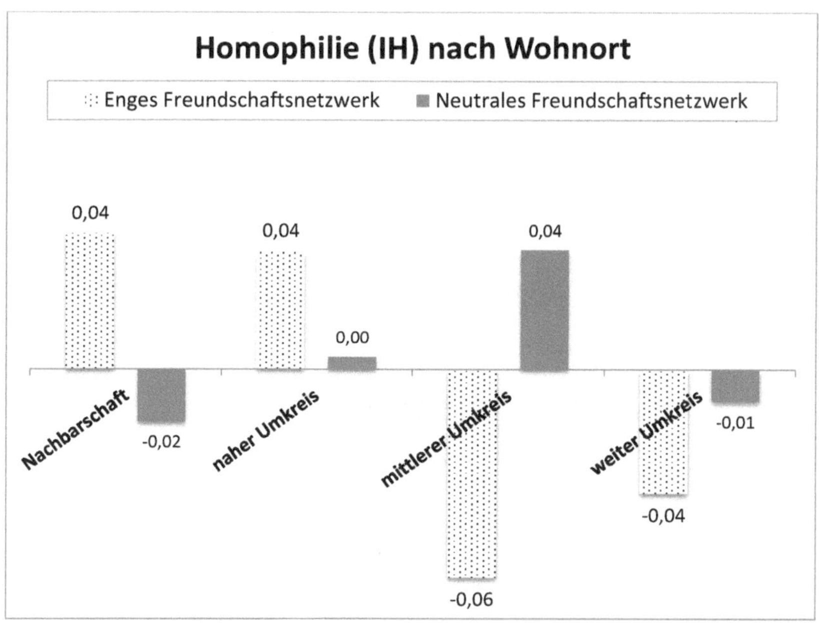

Abbildung 20: Wohnort-Homophiliewerte des engen und neutralen Freundschaftsnetzwerks

Auf den ersten Blick fällt auf, dass die Homophiliewerte im Vergleich zu den übrigen Merkmalen eher niedrig sind. Nichtsdestotrotz sind die Unterschiede, bedingt durch die hohe Fallzahl, zwischen den verschieden starken Freundschaftsnetzwerken signifikant.[48] Im engen Freundschaftsnetzwerk fallen die Homophiliewerte mit der geografischen Distanz bis in den Bereich der Heterophilie ab. Beim neutralen Freundschaftsnetzwerk zeigt sich der umgekehrte Fall. Eine Ausnahme bildet lediglich die Gruppe der weit entfernt Wohnenden. Diese Gruppe ist sowohl unterrepräsentiert im engen wie im neutralen Freundschaftsnetzwerk. Da anzunehmen ist, dass weit entfernt wohnende Schüler es eher schwer haben werden Kontakt zu halten, ist dieses Ergebnis nicht verwunderlich. Wichtig ist sich in Erinnerung zu rufen, dass eine Unterrepräsentation nicht gleichbedeutend mit einer negativen Beziehung ist. Es wird lediglich eine Tendenz beschrieben (vgl. Kapitel 4.3.6).

48 Die hohe Fallzahl ergibt sich aus der Betrachtung der Kanten im Vergleich zu den Merkmalen. Ansonsten wird auch hier die Signifikanz mit dem Wilcoxon-Test zum Vergleich nichtparametrischer Stichproben berechnet.

Die gegenläufige Entwicklung über die ersten drei Umkreise ist ein Hinweis darauf, dass die Schüler ihre engen Freundschaften bevorzugt im näheren Umkreis bilden. Neutrale Beziehungen bestehen überwiegend zu Mitschülern, die weiter entfernt vom eigenen Wohnort leben. Diese Erkenntnis wirft die Frage auf, ob die Schüler die weit entfernt wohnenden Mitschüler nicht mögen oder nicht kennen? Diese Heterophobiethese wurde in Kapitel 4.3.6 bereits dargelegt. Zur Überprüfung dieser These wird die Homophilie im abgelehnten Freundschaftsnetzwerk[49] betrachtet. Auf der nachfolgenden Grafik sind die Homophiliewerte der negativen Beziehungen dargestellt. Ein hoher Homophiliewert kann hier als Ablehnung gedeutet werden.

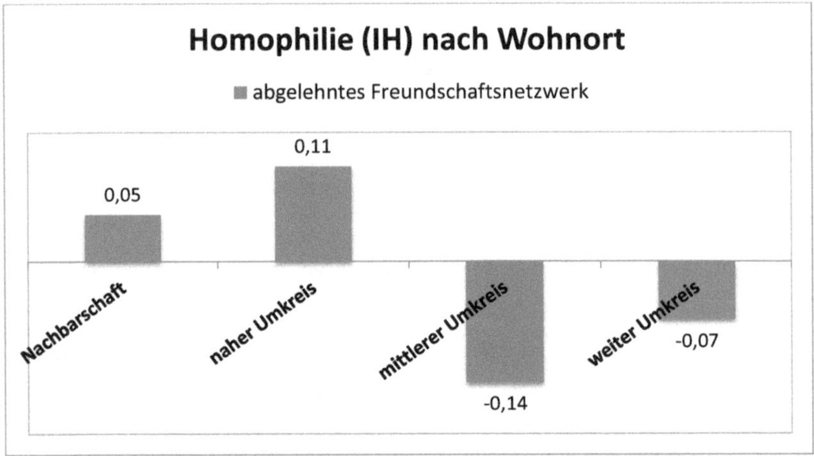

Abbildung 21: Wohnort-Homophiliewerte des abgelehnten Freundschaftsnetzwerks

Wie zu erkennen ist, unterscheidet sich die Verteilung der Ablehnung kaum von der Verteilung der Zuneigung. Nicht nur die Freunde werden aus der näheren Umgebung gewählt, sondern auch die Nicht-Freunde. Diese werden allerdings bevorzugt nicht aus der direkten Nachbarschaft, sondern aus dem mittleren Umkreis gewählt.

8.13 Schulkurs

Als weiteren sozialstrukturellen und geografischen Aspekt rückt die Belegung der Schulkurse in den Fokus der Betrachtung. Begünstigt die räumliche Nähe sowie

[49] Das abgelehnte Freundschaftsnetzwerk bildet die negativen Beziehungen der Schulklasse ab und entspricht der niedrigsten Bewertung auf der Skala (vgl. Kapitel 6.2.2).

das gemeinsame Erleben des Unterrichts die Freundschaftsgenese? Diese These des sozialstrukturellen Ansatzes wurde bereits in Kapitel 4.4.2 angeschnitten.
In einer Studie der Universität Leipzig wurden Erstsemesterstudenten randomisiert nebeneinander gesetzt. Am Ende des Semesters wurde nach der Sympathie dem zufälligen Sitznachbar gegenüber gefragt und mit einer Kontrollgruppe verglichen. Die Ergebnisse legen nahe, dass das zwangsläufige Kennenlernen bereits Sympathie erzeugt hat (Back et al. 2008: 439f.).

8.13.1 Fragestellung

Dieser Auswertung liegt keine Fragestellung zu Grunde. Die Fragebögen der vier unterschiedlichen Politik-Kurse wurden bei der Datenerhebung markiert. So kann nachvollzogen werden, welcher Schüler in welchem Kurs unterrichtet wird.

8.13.2 Ergebnis

Die vier Kurse sind etwa gleich groß und bestehen aus 16-25 Schülern. Eine Zuordnung gelingt bei allen 87 Schülern.

8.13.3 Strukturelle Interpretation

Anhand der vier Schulkurse werden vier Kollektive gebildet. In den einzelnen Kursen herrscht im engen Freundschaftsnetzwerk eine überdurchschnittlich hohe Homophilie. Die Werte für alle Kurse liegen zwischen IH_i=0,43 und IH_i=0,13. Eine Interpretation gestaltet sich aufgrund der Gegebenheiten schwierig. Auf den ersten Blick fällt auf, dass der sozialstrukturelle Aspekt der Schulkurse stark die Freundschaftsbeziehungen beeinflusst. Bei genauerer Betrachtung liegt die Überlegung nahe, dass noch andere Gründe hierfür verantwortlich sein können. Zum einen befanden sich die Schüler in ihren Kursverbänden als sie befragt wurden. Es ist nicht auszuschließen, dass sich die Schüler sich bei der Bearbeitung der Fragebögen gegenseitig in Augenschein genommen haben. Somit lässt sich vermuten, dass die Schüler den Personen in der direkten Umgebung eher positive Bewertungen gaben um beispielsweise den Sitznachbarn nicht zu verärgern. Außerdem ist unbekannt, ob die Schüler aufgrund von interessengeleiteten Wahlen dem jeweiligen Kurs zugeordnet wurden. Denkbar wäre zum Beispiel, dass bestimmte Leistungskurse die Kurszusammensetzung beeinflussen. Die Kurszusammensetzung nachzuvollziehen ist anhand der Informationen von Seiten der Schule nicht möglich. So bleibt dieser Punkt spekulativ.

8.14 Organisationen

Als ein weiterer sozialstruktureller Aspekt wäre die Auswertung von besuchten Organisationen der Schüler interessant gewesen. Hiermit ist eine zusätzliche Gelegenheitsstruktur gegeben: Neben der Schule besteht die Möglichkeit zu regelmäßigen Treffen der Schüler.

Mithilfe des Fragebogens wurde hierzu die Teilnahme an sowohl innerschulischen als auch an außerschulischen Projekten, Vereinen, Clubs oder Organisationen erfragt. Die Erhebung zeigt jedoch, dass es unter den Schülern, die einer Organisation zugehörig sind, fast keine Übereinstimmungen bezüglich der betreffenden Organisation gibt. Auf Grund dieser unzureichenden Daten muss eine Auswertung ausgeschlossen werden.

9 Schlussbetrachtung und Ausblick

Das vorrangige Ziel dieser Arbeit bestand darin, die Homophiliethese zu überprüfen, die einen kausalen Zusammenhang zwischen der Ähnlichkeit von Personen und Freundschaft unterstellt. In einer Fragebogenstudie wurden quantitative Persönlichkeitsdaten einer zwölften Schulstufe gewonnen, die im Zuge der Auswertung merkmalspezifisch in sozialen Freundschaftsnetzwerken überprüft wurden. In einem abschließenden Fazit sollen nun die Ergebnisse dieser Arbeit zusammengefasst dargestellt, sowie merkmalsübergreifende Schlüsse gezogen werden. Im Zuge dieser Schlussfolgerungen wird es dann möglich sein, auch die beiden ergänzenden Forschungsfragen zu beantworten. Abschließend werden die Methode sowie die Vorgehensweise der Fallstudie reflektiert und Anknüpfungspunkte für weitere Forschungen aufgezeigt.

9.1.1 Zusammenfassung der Ergebnisse und Beantwortung der leitenden Forschungsfrage

Bei der vorangegangenen Datenauswertung konnten für jedes Homophiliemerkmal Ergebnisse in den sozialen Freundschaftsnetzwerken der Studienteilnehmer gewonnen werden. Nach der merkmalspezifischen Betrachtung soll nun die Perspektive eine merkmalsübergreifende sein. Bei der Betrachtung der Freundschaftsnetzwerke unterschiedlicher Intensität lässt sich merkmalübergreifend ein Trend ableiten: Mit zunehmender Freundschaftsintensität steigen auch die gemessenen Homophiliewerte an. Dieser Verlauf der Homophiliewerte wird durch die Berechnung der Mittelwerte[50] für jedes der drei Freundschaftsnetzwerke deutlich. Während im losen Freundschaftsnetzwerk die Homophilie vom Typ baseline ($\bar{x}$=-0,01) überwiegt, finden sich bereits im regulären Freundschaftsnetzwerk höhere Homophiliewerte ($\bar{x}$=0,03). Zum engen Freundschaftsnetzwerk hin ist ein weiterer Anstieg zu verzeichnen; hier haben die Merkmale einen durchschnittlichen Homophiliewert von $\bar{x}$=0,18. Dieser Verlauf der Homophiliekurve in den drei intensivsten Freundschaftsnetzwerken ist in Abbildung 22 dargestellt.

50 In die Mittelwertberechnung gehen die normalisierten Homophiliewerte aller elf signifikanten Merkmale mit ein.

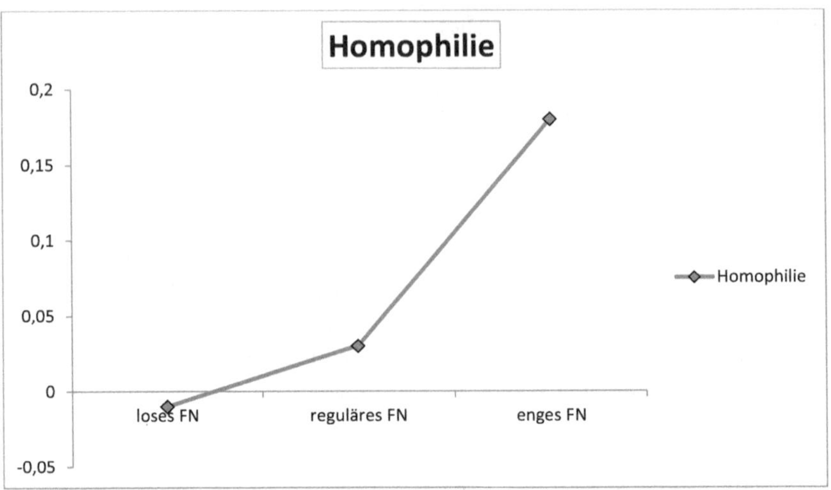

Abbildung 22: Die durchschnittliche Homophilie in den drei intensivsten Freundschaftsnetzwerken (FN)

Der Verlauf der Homophiliekurve in Abbildung 22 zeigt an, dass der Grad der Freundschaft analog zu den Merkmalsübereinstimmung der Studienteilnehmer ansteigt. Das bedeutet, dass eine Freundschaftsbeziehung immer wahrscheinlicher wird, je ähnlicher sich die Akteure sind. Diese empirische Beobachtung folgt logisch der Grundthese: Das Konzept der Homophilie liefert eine Erklärung für die strukturellen Muster von Freundschaftsbeziehungen. Je intensiver eine Freundschaft ist, desto stärker ausgeprägt ist die strukturierende Wirkung der einzelnen Homophiliemerkmale.

Insgesamt weisen 11 der insgesamt 13 im Rahmen der Fallstudie ausgewerteten Merkmale eine homophile Ordnung auf: Geschlecht, Rauchen, Religion, Schulkurs, ethnische Herkunft, Beruf, Freizeitgestaltung, Werte, Alkoholkonsum, Internetnutzung sowie Wohnort. Unter dem Merkmal Ziele und Lebenseinstellungen lässt sich eine homophile Freundschaftsstruktur feststellen, diese ist allerdings erst ab dem unbeliebten Freundschaftsnetzwerk signifikant. Lediglich die soziale Schicht bleibt ohne Auswirkung auf die Freundschaftsstrukturen der Schulstufe.

Es gibt eine Reihe an möglichen Begründungen für diese und ähnliche Lücken, also für den Umstand, dass ganze Merkmale oder einzelne Kollektive keiner homophilen Ordnung folgen. Zuerst sei an dieser Stelle daran erinnert: Selbst wenn zwischen Akteuren eine Merkmalsähnlichkeit besteht, so wird diese nicht immer entdeckt, beziehungsweise nicht immer beidseitig entdeckt. Ein möglicher Grund für dieses Unentdeckt bleiben wäre bereits beim Austausch der Akteure zu vermuten. Laut dem Linguisten Volker Hinnenkamp ist das Missverständnis ein fester Bestandteil der Kommunikation (vgl. Hinnenkamp 1998: 9). Dies gilt vor allem für nicht askriptive Attribute der Akteure, denn diese können ihnen nicht angesehen werden und bedürfen somit einer Vermittlung nach außen. Den umgekehrten Fall zeigt ein Blick in Tabelle 5. Das Geschlecht ist das Merkmal, das den mit Abstand höchsten Homophiliewert aufweist. Dieses Merkmal zeichnet sich unter Anderem auch dadurch aus, dass hier Verwechslungen ausgeschlossen sind und innerhalb kürzester Zeit eine Einschätzung zur Ähnlichkeit des Gegenübers erfolgen kann. Auch das in der Rangfolge zweithöchste Merkmal ist den Akteuren leicht anzusehen. Bei regelmäßigem Kontakt wird schnell klar, wer raucht und wer nicht.

Abschließend bleibt noch anzuführen, dass die Homophiliethese nur eine *Tendenz* beschreibt, mit der ähnliche Personen als Freunde präferiert werden (vgl. Lazarsfeld/Merton 1964: 23). Zur Verifizierung der These ist es folglich ausreichend, diese Tendenz zur persönlichen Ähnlichkeit bei der Freundeswahl zu belegen. Gemäß der Homophiliethese war die Forschungsfrage wie folgt formuliert:

> **Leitende Forschungsfrage (1): „Gleich und gleich gesellt sich gern“? Besteht ein Zusammenhang zwischen persönlichen Eigenschaften und Freundschaft?**

Die im Zuge der merkmalspezifischen Auswertung gewonnenen Ergebnisse verifizieren die Homophiliethese in 11 von 13 Fällen. Die sozialpsychologischen Aspekte Geschlecht, Rauchen, Religion, ethnische Herkunft, Beruf, Freizeitgestaltung, Werte, Alkoholkonsum und Internetnutzung, sowie die sozialstrukturellen Aspekte Wohnort und Kursverband spielen für die Schüler der Fallstudie nachweislich eine Rolle bei der Freundschaftsgenese. Eine Ähnlichkeit in diesen Merkmalen wirkt sich beziehungsfördernd auf die Freundschaften der Studienteilnehmer aus. Somit ist belegt: Gleich und gleich gesellt sich gern!

9.2 Ergänzende Forschungsfrage: Die Gewichtung der Homophiliemerkmale

> **Ergänzende Forschungsfrage (2a): Wie sind die einzelnen Homophiliemerkmale in ihrer Einflussstärke auf Freundschaftsstrukturen zu gewichten?**

Bei der Vorstellung der Homophiliemerkmale im Theorieteil dieser Arbeit sind diese nach der Sortierung von McPherson et. al geordnet (vgl. Kapitel 4.4). Nach der Auswertung der einzelnen Merkmale ist von Interesse, wie eine solche Gewichtung in der Fallstudie aussieht. Tabelle 5 gibt einen Überblick über alle ausgewerteten Homophiliemerkmale mit dem jeweiligen Durchschnittswert der normalisierten Homophilie im engen Freundschaftsnetzwerk.[51]

[51] An dieser Stelle sei, wie bereits im Kapitel 8.6, erneut darauf verwiesen, dass der durchschnittliche Kollektiv-Homophiliewert mit Vorsicht zu betrachten ist, da dieser die Kollektivgrößen außer Acht lässt. Nichtsdestotrotz bietet der durchschnittliche Kollektiv-Homophiliewert einen Anhaltspunkt.

Tabelle 5: Überblick über die normalisierten Homophiliewerte

Rang	Merkmal	Merkmalstyp	Homophilie	Signifikanz
1	Geschlecht	individuell	0,58	0,000
2	Rauchen	individuell	0,28	0,000
3	Religion[52]	individuell	0,27	0,039
4	Schulkurs	strukturell	0,25	0,000
5	ethnische Herkunft[53]	individuell	0,15	0,002
6	Beruf	individuell	0,15	0,003
7	Ziele und Lebenseinstellungen	individuell	0,14	0,077[54]
8	Freizeitgestaltung[55]	individuell	0,14	0,005
9	Werte	individuell	0,12	0,010
10	Alkoholkonsum	individuell	0,10	0,049
11	Internetnutzung	individuell	0,08	0,047
12	Wohnort	strukturell	0,04	0,024
13	soziale Schicht	individuell	0,00	0,386
	Mittelwert		0,18	

Dank der metrischen Messung der normalisierten Homophilie, lassen sich die Merkmalswerte vergleichen. Somit ist es möglich eine Rangfolge zu erstellen. Die Gewichtung der Homophiliemerkmale im Rahmen der Fallstudie lässt sich in Tabelle 5 ablesen.

Der Durchschnittswert der normalisierten Homophilie aller Merkmale liegt bei 0,18. Das bedeutet, dass die eingangs eigens festgelegte Definition von starker

52 Die Angaben beziehen sich auf die praktizierte Religion (vgl. Kapitel 8.3.3.1).

53 Die Angaben entsprechen den Mittelwerten aus Migrationshintergrund und ethnischer Herkunft (vgl. Kapitel 8.1).

54 Das Merkmal Ziele und Lebenseinstellungen ist erst im unbeliebten Freundschaftsnetzwerk signifikant (α=0,003).

55 Die Angaben entsprechen den Mittelwerten aus allen vier ausgewerteten Freizeitkategorien (vgl. Kapitel 8.6.2).

inbreeding Homophilie mit einem Startwert von 0,31 (vgl. Kapitel 7.2.3) sogar deutlich über dem Durchschnittswert liegt.

9.2.1 Ergänzende Forschungsfrage: individuelle Mechanismen versus sozialstrukturelle Mechanismen

Ergänzende Forschungsfrage (2b): Lässt sich die Bildung von Freundschaft auf individuelle oder auf sozialstrukturelle Mechanismen zurückführen?

Das gewählte Forschungsdesign hatte von Beginn an den Anspruch, sowohl individuelle als auch sozialstrukturelle Mechanismen der Freundschaftsgenese zu berücksichtigen. Individuelle Mechanismen setzen mit der Erklärung der Freundschaftsentstehung bei individuellen Persönlichkeitsmerkmalen an, sozialstrukturelle Mechanismen führen die Entstehung von Freundschaften auf Gelegenheitsstrukturen zurück, die eine Freundschaft begünstigen (vgl. Kapitel 4). Die sozialstrukturellen Mechanismen fließen in unserer Studie über die Merkmale Wohnort sowie Kursstruktur mit ein. Die individuellen Mechanismen werden über die Merkmale ethnische Herkunft, Geschlecht, Religion, Beruf, soziale Schicht, Rauchen, Alkoholkonsum, Freizeitgestaltung, Internetnutzung, Werte und Ziele berücksichtigt.

Tabelle 5 zeigt, dass sich die Merkmale nicht eindeutig nach individuellen und sozialstrukturellen Merkmalen anordnen lassen. Ein Unterschied wird lediglich im direkten Vergleich der einzelnen Homophiliemerkmale sichtbar: Während das eine sozialstrukturelle Merkmal „Schulkurs" in den oberen Rängen zu finden ist, besitzt das andere sozialstrukturelle Merkmal „Wohnort" den geringsten Einfluss auf die Freundschaftstrukturen. Die Rangfolge der Homophiliemerkmale ist größtenteils mit der Erhebungsgruppe erklärbar. Innerhalb der Erhebungsgruppe würde man eher dazu tendieren, individuellen Einwirkungen einen stärkeren Einfluss zuzuschreiben. Wie in Tabelle 5 gezeigt wird, sind die obersten Ränge durch Merkmale individueller Art besetzt. Allerdings sollte bei der Interpretation bedacht werden, dass die Schüler sich bereits schon länger kennen. Vermutlich sind Gelegenheitsstrukturen vor allem dann wirksam, wenn es darum geht neue Bekanntschaften zu schließen. Nach dieser Phase scheint allerdings die Übereinstimmung unter individuellen Persönlichkeitsmerkmalen ausschlaggebender. Diese Hypothese zur Einordnung der zeitlichen Reihenfolge von individuellen und sozialstrukturellen Mechanismen bei der Freundschaftsbildung wäre allerdings nur mit einer Langzeitstudie zu klären.

Dessen ungeachtet konnte im Rahmen dieser Studie belegt werden, dass die Entstehung von Freundschaften sowohl auf individuelle als auch auf sozialstrukturelle Mechanismen zurückzuführen ist. Die Entscheidung für ein Forschungsdesign integrierter Freundschaftstheorien hat sich somit als sinnvoll erwiesen und mit dem Homophiliemodell wurde eine geeignete Methode gewählt, um beide Theorieansätze zur Entstehung von Freundschaften vereinigt zu untersuchen.

9.3 Studienreflektion

In Kapitel 8 wurden für die beiden nicht-homophilen Merkmale der Studie bereits einige inhaltliche Erklärungen genannt. Zudem gibt es für diese und für ähnliche Lücken in den Homophilie-Ergebnissen noch Erklärungsansätze auf methodischer Ebene. Das gewählte Messinstrument der Datenerhebung erwies sich in einzelnen Fällen als verbesserungswürdig, beispielsweise stellte sich die Schulstufe hinsichtlich einiger Homophiliemerkmale als homogen heraus (z.B. soziale Schicht). Damit wurde eine trennscharfe Kollektivbildung erschwert und die weitere Auswertung und die strukturelle Interpretation waren im Hinblick auf dieses Merkmal nicht mehr möglich.

In anderen Fällen konnten Kollektive nicht klar voneinander abgegrenzt werden, weil die Frage nach den entsprechenden Merkmalsausprägungen nicht differenziert genug gestellt war. Dies trat vor allem bei den Fragen nach der Freizeitgestaltung auf. Dort wurde ausschließlich nach der zeitlichen Komponente gefragt, ohne in einzelne Genres oder Teilbereiche zu differenzieren.

Des Weiteren hat es sich im Zuge der Auswertung als nicht praktikabel erwiesen, Kollektive mit kleinen Fallzahlen auszuwerten. Ein Beispiel hierfür ist das Kollektiv aus drei Schülern mit französischem Migrationshintergrund. Die geringe Häufigkeit der same type persons wirkte sich hierbei negativ auf die Aussagekraft des Homophiliewerts aus.

Für eine genaue Datenauswertung ist es demnach notwendig, dass ein entsprechendes Messinstrument zur Erhebung genutzt wird. Dabei sollte die Erhebung der Homophiliemerkmale thematisch ausdifferenziert sein. Es ist notwendig, solche Merkmale zur Überprüfung der Homophiliethese zu wählen, unter denen eine sinnvolle, trennscharfe Kollektivbildung möglich ist. Diese Prämisse schlägt sich sowohl in der Fragestellung als auch in den Antwortmöglichkeiten nieder. Die Merkmale mit dem am stärksten ausgeprägtem Homophiliewert (s. Tabelle 5: Tabellenrang 1-6) sind solche, unter denen die Kollektive klar abgrenzbar sind. Ein positives Beispiel ist das nach der Frage des Zigarettenkonsums: Wer weder gelegentlich noch regelmäßig raucht, der ist zwangsläufig Nichtraucher.

Des Weiteren sind die ermittelten Homophilie-Ergebnisse umso aussagekräftiger, je größer das untersuchte Kollektiv ist. Dieser Zusammenhang ist logisch, denn bei kleinen Fallzahlen steigt die Wahrscheinlichkeit, dass die Messwerte dem Zufall unterliegen. Diese Umstände wurden in der Fallstudie beachtet und umgesetzt. Auch als sinnvolle Methode zur Erhebung von sozialen Beziehungen, hat sich die kombinierte Bewertung aus der fünfstufigen Bewertungsskala und der offenen Fragestellung nach den besten Freunden erwiesen. Da die Schulstufe einen großen Zusammenhalt hat, konnte insbesondere mithilfe der offenen Fragestellung ein klareres Bild der Freundschaftsstrukturen gewonnen werden. Somit konnten mehrere soziale Netzwerke mit unterschiedlicher Freundschaftsintensität erstellt werden und es war möglich, die Stärke der Homophilie in gestaffelt intensiven Freundschaftsgraden zu messen.

9.4 Ausblick

Ein Bedarf an weiterer Forschung besteht innerhalb des Homophilie-Kontextes. Bereits im Zuge der Datenauswertung wurden merkmalsübergreifend Korrelationen verschiedener Merkmale dargestellt. Beispielsweise hat sich unter der Freizeitaktivität „Computer/Konsole spielen“ gezeigt, dass die Mehrzahl der „Spieler“ männlich ist (vgl. Kapitel 8.6.2.1). Dieses Ergebnis lässt vermuten, dass ein Zusammenhang zwischen den Merkmalen Geschlecht und Freizeitgestaltung besteht. Ein Gegenstand weitergehender Forschungen stellt also das Zusammenwirken der einzelnen Homophiliemerkmale dar. Zu einem ähnlichen Schluss kommen auch McPherson, Smith-Lovin und Cook. Auch sie fordern die Erforschung des Zusammenspiels der einzelnen Homophiliefaktoren (vgl. McPherson et al. 2001: 437).

Ein weiteres Forschungsfeld kann aus der bestehenden Kritik am Homophiliemodell abgeleitet werden. Dass ein Zusammenhang zwischen Ähnlichkeit und Freundschaft besteht, wurde im Rahmen dieser Studie belegt. Offen dagegen bleibt die Frage nach der Wirkrichtung: Ist die Ähnlichkeit unter Freunden die Ursache der Freundschaft oder entsteht diese durch den gegenseitigen Austausch im Verlauf der Freundschaft? Um diese Frage beantworten zu können, sind Daten notwendig, die die Dynamik der untersuchten sozialen Beziehungen mit einbeziehen. Dies kann nur mit einer Langzeitstudie geleistet werden, die die Beziehungen zu unterschiedlichen Zeitpunkten abbildet (vgl. Wolf 1996: 73f.). Beispielsweise könnte die im Rahmen dieser Fallstudie untersuchte Schulstufe erneut befragt werden. Durch die Kombination mit den bereits erhobenen Daten wäre die Dynamik der sozialen Beziehungen erfasst und eine Interpretation der Wirkrichtung wäre somit möglich.

Mit dieser Studie konnte belegt werden, dass eine Ähnlichkeit unter Akteuren grundlegend beziehungsfördernd ist. Dieses Ergebnis lässt sich zum Beispiel auf Teambildungsprozesse innerhalb von Wirtschaftsnetzwerken übertragen. Teamarbeit ist heutzutage ein unverzichtbarer Bestandteil moderner Unternehmen. Als Prämisse für den Erfolg eines Teams wird häufig deren personelle Zusammensetzung angeführt. Da sich solch eine Arbeitsgruppe in der Regel nicht bildet, sondern gebildet wird, stellt sich die Frage nach den Kriterien für die Teamzusammenstellung (vgl. Niermeyer/Postall 2010: 215ff.). Neben den fachlichen Kompetenzen der Mitarbeiter können weitere Parameter für die Teamzusammenstellung unter Einbezug der gewonnenen Homophilie-Ergebnisse gewählt werden, um somit ein positives Arbeitsklima zu fördern.

Im Rahmen dieser Forschungsarbeit konnten durch die kombinierte Erhebung von persönlichen Akteursmerkmalen und sozialen Netzwerkdaten aussagekräftige Erkenntnisse über den Zusammenhang von Ähnlichkeit und Freundschaft gewonnen werden. Die Homophiliethese konnte merkmalspezifisch überprüft und in der großen Mehrzahl der Fälle signifikant verifiziert werden. Zu den wenigen nicht verifizierbaren Fällen fand sich eine Reihe an plausiblen Erklärungsansätzen. Durch die metrische Datenqualität der merkmalspezifischen Homophiliewerte konnten diese in einer Rangfolge ihrer Stärke nach geordnet werden. Somit war es möglich, auch die beiden ergänzenden Forschungsfragen zu beantworten. Die einzelnen Homophiliemerkmale konnten gewichtet werden und es wurde gezeigt, dass sowohl individuelle als auch sozialstrukturelle Mechanismen bei der Freundschaftsentstehung greifen. Die vorangegangenen Seiten zeugen davon, dass die angewandte Methode des Homophiliemodells und die Methode der Netzwerkforschung sich bewährt haben. Das in dieser Arbeit entwickelte Forschungsdesign hat sich bewährt und kann somit auch für weitere Studien übernommen oder gegebenenfalls modifiziert werden.

Literaturverzeichnis

Acham, K., 1990. Teil und Ganzes zum Verhältnis von Einzel- und Gesamtanalyse in Geschichts- und Sozialwissenschaften, München: Dt. Taschenbuchverlag.

Albert, M., Hurrelmann, K. & Quenzel, G. Hrsg., 2010. Jugend 2010 eine pragmatische Generation behauptet sich, Frankfurt am Main: Fischer-Taschenbuch-Verlag.

Argyle, M. & Henderson, M., 1986. Die Anatomie menschlicher Beziehungen Spielregeln des Zusammenlebens, Paderborn: Junfermann.

Armbruster, H., 2005. Sozialstrukturen in Innovationsteams: Analyse sozialer Netzwerke, Wiesbaden: Deutscher Universitäts-Verlag.

Back, M.D., Schmukle, S.C. & Egloff, B., 2008. Becoming friends by chance. Psychological science, 19(5), S. 439-40.

Backhaus, K., 2011. Fortgeschrittene multivariate Analysemethoden eine anwendungsorientiere Einführung, Berlin [u.a.]: Springer.

Bottero, W., 2005. Stratification: social division and inequality, New York: Routledge.

Bühl, A., 2010. PASW 18 Einführung in die moderne Datenanalyse, München: Pearson Studium.

Bundeszentrale für gesundheitliche Aufklärung, 2011. Der Alkoholkonsum Jugendlicher und junger Erwachsener in Deutschland 2010. Kurzbericht zu Ergebnissen einer aktuellen Repräsentativbefragung und Trends, Köln: Bundeszentrale für gesundheitliche Aufklärung.

Bundeszentrale für gesundheitliche Aufklärung, 2011. Der Tabakkonsum Jugendlicher und junger Erwachsener in Deutschland 2010. Kurzbericht zu Ergebnissen einer aktuellen Repräsentativbefragung und Trends, Köln: Bundeszentrale für gesundheitliche Aufklärung.

Burt, R.S., 1992. Structural holes the social structure of competition, Cambridge, Mass. [u.a.]: Harvard Univ. Press.

Burzan, N., 2007. Soziale Ungleichheit eine Einführung in die zentralen Theorien, Wiesbaden: VS Verlag für Sozialwissenschaften.

Coleman, J., 1959. Relational Analysis: The Study of Social Organizations with Survey Methods. Human Organizations, 17(4), S. 28-36.

Coleman, J., 1986. Social Theory, Social Research, and a Theory of Action. *The American Journal of Sociology*, 91(6), S. 1309 - 1335.

Coleman, J.S., 1991. *Handlungen und Handlungssysteme*, München: Oldenbourg.

Currarini, Sergio, Matthew O. Jackson, and Paolo Pin., 2009. An Economic Model of Friendship: Homophily, Minorities, and Segregation. *Econometrica* 77, S. 1003 - 1045.

Diaz-Bone, R., 1997. *Ego-zentrierte Netzwerkanalyse und familiale Beziehungssysteme*, Wiesbaden: Deutscher Universitäts-Verlag.

Diekmann, A., 2009. *Empirische Sozialforschung Grundlagen, Methoden, Anwendungen*, Reinbek bei Hamburg: Rowohlt-Taschenbuch-Verlag.

Eberhard, H.-J., 2004. Freundschaften im gesellschaftlichen Wandel eine qualitativ-psychoanalytische Untersuchung mittels Gruppendiskussionen, Wiesbaden: Deutscher Universitäts-Verlag.

Ebrecht, A., 2003. Die Seele und die Normen zum Verhältnis von Psychoanalyse und Politik, Gießen: Psychosozial-Verlag.

Endruweit, G. & Trommsdorff, G. Hrsg., 1998. *Wörterbuch der Soziologie*, Stuttgart: Lucius Lucius.

Esser, H., 1996. *Soziologie allgemeine Grundlagen*, Frankfurt [u.a.]: Campus-Verlag.

Feld, S.L., 1984. The Structured Use of Personal Associates. *Social Forces*, 62(3), S. 640-652.

Fischer, C., 1982. What do we mean by „friend"? an inductive study. *Social Networks*, 3(4), S. 287-306.

fowid 2011: http://fowid.de/fileadmin/datenarchiv/Religionszugehoerigkeit/Religionszugehoerigkeit_ Bevoelkerung_1970_2010.pdf (zuletzt abgerufen: 31.07.2011)

Fritzsche, A., 2009. Freundschaft. In C. Meyer, M. Tetzer, & K. Rensch, Hrsg. *Liebe und Freundschaft in der Sozialpädagogik*. VS Verlag für Sozialwissenschaften, S. 185-189.

Fuchs-Heinritz, W. Hrsg., 2007. Lexikon zur Soziologie. Wiesbaden: VS Verlag für Sozialwissenschaften.

Fuhse, J., 2008. Netzwerke und soziale Ungleichheit. In C. Stegbauer, Hrsg. *Netzwerkanalyse und Netzwerktheorie*. VS Verlag für Sozialwissenschaften, S. 79-90.

Geiger, T., 1955. Theorie der sozialen Schichtung. In P. Trappe, Hrsg. *Arbeiten zur Soziologie*, Neuwied/Berlin, S. 186-205

Geißler, R., 2002. Die Sozialstruktur Deutschlands die gesellschaftliche Entwicklung vor und nach der Vereinigung, Bonn: Bundeszentrale für politische Bildung.

Granovetter, M., 1985. Economic Action and Social Structure: The Problem of Embeddedness. *The American Journal of Sociology*, 91(3), S. 481 - 510.

Granovetter, M.S., 1973. The Strength of Weak Ties. *American Journal of Sociology*, 78(6), S. 1360-1380.

Granovetter, Mark. 1995. *Getting a Job: A Study of Contacts and Careers*. Chicago: University of Chicago Press.

Greve, J., Schnabel, A. & Schützeichel, R., 2009. Das Makro-Mikro-Makro-Modell der soziologischen Erklärung – zur Einleitung. In J. Greve, A. Schnabel, & R. Schützeichel, Hrsg. *Das Mikro-Makro-Modell der soziologischen Erklärung*. Wiesbaden: VS Verlag für Sozialwissenschaften.

Grob, A. & Jaschinski, U., 2003. *Erwachsen werden Entwicklungspsychologie des Jugendalters*, Weinheim [u.a.]: Beltz PVU.

Haag, H., 2011. Freundschaft. In P. Gostmann & C. Härpfer, Hrsg. *Verlassene Stufen der Reflexion*. VS Verlag für Sozialwissenschaften, S. 97-120.

Haas, J. & Malang, T., 2010. Beziehungen und Kanten. In C. Stegbauer & R. Häußling, Hrsg. *Handbuch Netzwerkforschung*. VS Verlag für Sozialwissenschaften, S. 89-98.

Hallinan, M.T. & Smith, S.S., 1985. The Effects of Classroom Racial Composition on Students' Interracial Friendliness. *Social Psychology Quarterly*, 48(1), S. 3-16.

Hillmann, K.-H. Hrsg., 2007. Wörterbuch der Soziologie. Stuttgart: Kroener.

Hinnenkamp, V., 1998. Mißverständnisse in Gesprächen eine empirische Untersuchung im Rahmen der interpretativen Soziolinguistik, Opladen [u.a.]: Westdeutscher Verlag.

Hollstein, B., 2008. Strukturen, Akteure, Wechselwirkungen. Georg Simmels Beiträge zur Netzwerkforschung. In C. Stegbauer, Hrsg. *Netzwerkanalyse und Netzwerktheorie*. VS Verlag für Sozialwissenschaften, S. 91–103.

Inglehart, R., 1971. The Silent Revolution in Europe: Intergenerational Change in Post-Industrial Societies. *The American Political Science Review*, 65(4), S. 991-1017.

Iske, S., Klein, A., Kutscher, N. & Otto, H.-U., 2007. Virtuelle Ungleichheit und informelle Bildung. Eine empirische Analyse der Internetnutzung Jugendlicher und ihre Bedeutung für Bildung und gesellschaftliche Teilhabe. In S. Iske et al., Hrsg. *Grenzenlose Cyberwelt?* VS Verlag für Sozialwissenschaften, , S. 65-91.

Jackson, M.O., 2008. *Social and economic networks*, Princeton, NJ [u.a.]: Princeton Univ. Press.

Jansen, D., 2006. Einführung in die Netzwerkanalyse Grundlagen, Methoden, Forschungsbeispiele, Wiesbaden: VS Verlag für Sozialwissenschaften.

Jöckel, S. & Schumann, C., 2010. Spielen im Netz. Online-Spiele als Kommunikation. In W. Schweiger & K. Beck, Hrsg. *Handbuch Online-Kommunikation*. Wiesbaden: VS Verlag für Sozialwissenschaften, S. 461-484.

Junge, M., 2009. *Georg Simmel kompakt*, Bielefeld: transcript.

Kalmijn, M., 1998. Intermarriage and Homogamy: Causes, Patterns, Trends. *Annual review of sociology*, 24, S. 395-421.

Kalmijn, M., Graaf, P. de & Janssen, J., 2005. Intermarriage and the risk of divorce in the Netherlands: the effects of differences in religion and in nationality, 1974-94. *Population studies*, 59(1), S. 71-85.

Kandel, D.B., 1978. Homophily , Selection , and Socialization Adolescent Friendships in. *American Journal of Sociology*, 84(2), S. 427-436.

Kneidinger, B., 2008. Facebook und Co.: Eine soziologische Analyse von Interaktionsformen in Online Social Networks, VS Verlag für Sozialwissenschaften.
Knoblauch, H., 1999. *Religionssoziologie*, Berlin: de Gruyter.

Krempel, Lothar. 2008. Netzwerkanalyse. Ein wachsendes Paradigma. In C. Stegbauer, Hrsg. *Netzwerkanalyse und Netzwerktheorie*. VS Verlag für Sozialwissenschaften S. 215-226.

Louch, H., 2000. Personal network integration: transitivity and homophily in strong-tie relations. *Social Networks*, 22(1), S. 45-64.

Marsden, P.V., 1987. Core Discussion Networks of Americans. *American Sociological Review*, 52(1), S. 122-131.

Mäs, M. & Knecht, A., 2008. Die Entwicklung von negativen Beziehungen in Schulklassen. In C. Stegbauer, Hrsg. *Netzwerkanalyse und Netzwerktheorie*. Wiesbaden: VS Verlag für Sozialwissenschaften.

McPherson, M., Smith-Lovin, L. & Cook, J.M., 2001. Birds of a feather: Homophily in social networks. *Annual review of sociology*, 27(2001), S. 415–444.

Merton, R.K. & Lazarsfeld, P.F., 1964. Friendship as Social Process: A Substantive and Methodological Analysis. In M. Berger, Hrsg. *Freedom and control in modern society*. New York, NY: Octagon Books.

Niekrenz, Y., 2011. *Rauschhafte Vergemeinschaftungen*, Wiesbaden: VS Verlag für Sozialwissenschaften.

Niermeyer, R. & Postall, N., 2010. Wie sie Teams führen. In *Effektive Mitarbeiterführung*. Wiesbaden: Gabler, S. 215-228.

Nötzoldt-Linden, U., 1994. Freundschaft zur Thematisierung einer vernachlässigten soziologischen Kategorie, Opladen: Westdeutscher Verlag.

Pfeffer, J., 2008. Visualisierung sozialer Netzwerke. In C. Stegbauer, Hrsg. *Netzwerkanalyse und Netzwerktheorie*. Wiesbaden: VS Verlag für Sozialwissenschaften, S. 227-238.

Porst, R., 2009. *Fragebogen ein Arbeitsbuch*, Wiesbaden: VS Verlag für Sozialwissenschaften.

Prüfer, P. & Rexroth, M., 2000. Zwei-Phasen-Pretesting. *ZUMA-Arbeitsbericht 2000/08*. http://www.gesis.org/fileadmin/upload/forschung/publikationen/gesis_reihen/zuma_arbeitsberichte/00_08.pdf?download=true. (zuletzt abgerufen: 09.08.2011)

Reinders, H., 2004. Entstehungskontexte interethnischer Freundschaften in der Adoleszenz. *Zeitschrift für Erziehungswissenschaft*, 7(1), S. 121–145.

Remid e.V., 2011: http://www.remid.de/index.php?text=info_zahlen. (zuletzt abgerufen: 27.06.2011.)

Ritter, S., 2010. *Internetnutzung von Jugendlichen für einen Auslandsjugendaustausch*, Wiesbaden: VS Verlag für Sozialwissenschaften.

Rohlfs, C., 2010. Freundschaft und Zugehörigkeit – Grundbedürfnis, Entwicklungsaufgabe und Herausforderung für die Schulpädagogik. In M. Harring et al., Hrsg. *Freundschaften, Cliquen und Jugendkulturen*. Wiesbaden: VS Verlag für Sozialwissenschaften, S. 61-71.

Ruiz, A.G., 1998. Die Netzwerktheorie der Handlung von R. S. Burt eine strukturelle und epistemologische Analyse, Frankfurt am Main [u.a.]: Lang.

Scherr, A., 2009. *Jugendsoziologie - Einführung in Grundlagen und Theorien*, Wiesbaden: VS Verlag für Sozialwissenschaften

Schnegg, M. & Lang, H., 2001. Netzwerkanalyse. Eine praxisorientierte Einführung. *Methoden der Ethnografie*, 1 (2001), S. 3-55

Scott, J., 2006. Social networks critical concepts in sociology, London [u.a.]: Routledge.

Shrum, W., Neil H. Cheek, J. & Hunter, S.M., 1988. Friendship in School: Gender and Racial Homophily. *Sociology of Education*, 61(4), S. 227-239.

Simmel, G., 1992. Soziologie: Untersuchungen über die Formen der Vergesellschaftung, Frankfurt am Main: Suhrkamp.

Statistisches Bundesamt Deutschland. 2010. *Pressemitteilung Nr.033 vom 26.01.2010.* http://www.destatis.de/jetspeed/portal/cms/Sites/destatis/Internet/DE/Presse/pm/2010/01/PD10__033__122,templateId=renderPrint.psml (zuletzt abgerufen: 05.08.2011)

Stegbauer, C., 2010. Weak und Strong Ties. Freundschaft aus netzwerktheoretischer Perspektive. In C. Stegbauer, Hrsg. *Netzwerkanalyse und Netzwerktheorie.* Wiesbaden: VS Verlag für Sozialwissenschaften, S. 105-119.

Sukale, M., 2002. Max Weber - Leidenschaft und Disziplin Leben, Werk, Zeitgenossen, Tübingen: Mohr Siebeck.

T L Huston, and & Levinger, G., 1978. Interpersonal Attraction and Relationships. *Annual Review of Psychology*, 29, S. 115-156.

Tuma, N.B. & Hallinan, M.T., 1979. The Effects of Sex, Race, and Achievement on Schoolchildren's Friendships. *Social Forces*, 57, S. 1265 - 1285.

Vaskovics, L.A., 2001. Soziologie. Untersuchungen über die Formen der Vergesellschaftung. In G. W. Oesterdiekhoff, Hrsg. *Lexikon der soziologischen Werke.* Wiesbaden: Westdeutscher Verlag, S. 620-621.

Verbrugge, L.M., 1977. The Structure of Adult Friendship Choices. *Social Forces*, 56(2), S. 576-597.

Verbrugge, L.M., 1983. Research Note on Adult Friendship Contact: A Dyadic Perspective, A. *Social Forces*, 62(1), S. 78-83.

Wagner, J. & Alisch, L.-M., 2006. Zum Stand der psychologischen und pädagogischen Freundschaftsforschung. In J. Wagner & L.-M. Alisch, Hrsg. *Freundschaften unter Kindern und Jugendlichen interdisziplinäre Perspektiven und Befunde.* Weinheim [u.a.]: Juventa, S. 11-94.

Weber, M., 1980. Wirtschaft und Gesellschaft Grundriss der verstehenden Soziologie, Tübingen: Mohr.

Weber, M., 1988. Gesammelte Aufsätze zur Wissenschaftslehre, Tübingen: UTB.

Wiese, L. von, 1966. System der allgemeinen Soziologie als Lehre von den sozialen Prozessen und den sozialen Gebilden der Menschen (Beziehungslehre), Berlin: Duncker Humblot.

Wolf, C., 1996: Gleich und gleich gesellt sich, Individuelle und strukturelle Einflüsse auf die Entstehung von Freundschaften. Hamburg: Kovačs.

Young, J., 2011. How Do They „End Up Together"? A Social Network Analysis of Self-Control, Homophily, and Adolescent Relationships. *Journal of Quantitative Criminology*, 27(3), S. 251-273.

Zeitfracht Medien GmbH
Ferdinand-Jühlke-Straße 7
99095 Erfurt, Deutschland
produktsicherheit@kolibri360.de